# PriceMinister

## Achetez et vendez au meilleur prix

Groupe Eyrolles
61, bd Saint-Germain
75240 PARIS Cedex 05

www.editions-eyrolles.com

ISBN : 978-2-212-54743-6

JÉRÔME VIVIÈS

# PriceMinister

## Achetez et vendez au meilleur prix

EYROLLES

Cher lecteur,

PriceMinister s'associe à l'auteur de cet ouvrage et à Eyrolles pour vous offrir un coupon de réduction qui vous permettra de découvrir l'achat sur le site de façon privilégiée.

**Coupon de réduction**

Indiquez le code coupon GUIDEPM lors de votre commande et vous bénéficierez de 8 € offerts pour 50 € d'achat minimum[1] (rendez-vous p. 86 pour plus d'information sur l'utilisation des coupons).

Bonne lecture !

1. 8 € offerts sur un 1er achat pour 50 € d'achat minimum. Valable jusqu'au 31/12/2011. Hors frais de port.

# Sommaire

**Démarrage rapide** .......... 11

**Achetez en trois étapes** .......... 11

1/ Recherchez le produit que vous désirez acheter .......... 11

2/ Sélectionnez une annonce et mettez l'article en panier .......... 12

3/ Finalisez votre commande .......... 13

**Vendez en deux étapes** .......... 14

1/ Recherchez la fiche-produit de l'objet que vous vendez .......... 14

2/ Identifiez le produit que vous vendez .......... 14

3/ Utilisez le formulaire de mise en vente rapide .......... 15

**Introduction** .......... 17

**1 - PriceMinister - Présentation** .......... 19

**Rapide historique - PriceMinister et la naissance de « l'achat-vente garanti »** .......... 19

Fondation .......... 19

Expansion .......... 20

Aujourd'hui .......... 21

**PriceMinister est une place de marché** .......... 21

Typologie des sites de e-commerce .......... 21

Le schéma de PriceMinister .......... 22

**Les spécificités de la place de marché PriceMinister** .......... 23

Ce qu'on y trouve – ce qu'on n'y trouve pas .......... 23

Neuf et occasion .......... 26

Vendeurs : pros et particuliers .......... 27

Mise en vente gratuite, pas de limite de durée pour l'annonce .......... 27

Prix fixes avec négociation .......... 27

Vente à distance et retrait sur place .......... 28

**Sécurité & Transaction garantie : inscrit dans l'ADN de PriceMinister** ... 28

Paiement sécurisé .......... 28

Lutte contre la fraude et contre la contrefaçon .......... 29

Notation des vendeurs par les acheteurs et taux d'annulation .......... 29

Hameçonnage (*fishing*) .......... 29

**2 -Démarrer - Les basiques** .......... 31

**L'équipement nécessaire** .......... 31

L'ordinateur avec connexion Internet .......... 31

Le navigateur .......... 31

Les cookies .......... 31

Une adresse e-mail .......... 32
Mais encore .......... 34

**Comment lire et utiliser les pages du site ? Les différents écrans .......... 34**
Structure des pages et modèles de page .......... 34
Le haut et bas de page (*header* et *footer*) .......... 35
La « page d'accueil » ou « homepage » .......... 36
La page de résultat de recherche .......... 38
La page de navigation .......... 39
La fiche-produit .......... 40
Mon compte .......... 44

**Produits et annonces .......... 46**
Ne pas confondre produit et annonce – Quelles sont les différences ? .46
Spécificité du produit .......... 46
Spécificités de l'annonce .......... 49

**Conditions générales et charte de communication .......... 52**
Les pays autorisés .......... 52
Les conditions générales .......... 53
La charte de communication .......... 53
La page éthique et vie privée .......... 53
Les conditions d'utilisation du service « Photos » sur PriceMinister..... 53
Le règlement du programme de Parrainage .......... 54
Les conditions liées à l'affiliation .......... 54
Les conditions liées au contrat bris et vol .......... 54

**Créer son compte .......... 54**
Pourquoi ouvrir un compte .......... 54
Comment ouvrir un compte .......... 55
Utiliser votre compte .......... 59

**3 - Acheter .......... 61**

**Trouver un produit sur PriceMinister .......... 61**
Naviguer dans le site .......... 62
Faire une recherche globale .......... 65

**Comparer et se renseigner .......... 65**
Comparer et se renseigner sur les produits .......... 65
Comparer et se renseigner sur les prix .......... 70

**Les souhaits .......... 77**
Présentation du système des souhaits .......... 77
Comment bien utiliser le système de souhaits .......... 79

**Passer la commande .......... 80**
Ajout au panier ou négociation .......... 80
Le panier .......... 82

Adresse de livraison ........ 85
Confirmation de commande, coupon et choix des garanties ........ 85
Payer votre commande ........ 87

**Délai de livraison – Confirmer la réception d'un article ........ 89**
La confirmation de commande ........ 89
Le délai de livraison ........ 89
Confirmer la réception d'un article - La note ........ 90

**Résoudre les éventuels problèmes rencontrés lors d'un achat ........ 92**
Le panier ........ 92
Le paiement ........ 92
Avant réception de la commande ........ 94
Après réception de la commande ........ 95
Faire jouer une garantie supplémentaire PriceMinister ........ 99

**Garanties acheteur ........ 100**
Problèmes sur la nature ou la qualité des articles ........ 100
Perte ........ 100
Remboursements ........ 101

**4 - Vendre ........ 103**

**Gratuit... ou presquele business model ........ 104**
Combien vais-je gagner ? L'équation de base ........ 104
Le dépôt d'annonce est gratuit et illimité ........ 104
La commission ........ 105
Les frais de port ........ 105
Combien vais-je gagner ? Les exemples ........ 112
Faut-il déclarer ses ventes ? ........ 112

**Comment mettre en vente ........ 113**
Ouvrir sa boutique ........ 113
La mise en vente rapide ........ 115
Créer une fiche-produit ........ 116

**Les sine qua non (incontournables) de la vente ........ 119**
Comment bien tenir votre boutique ........ 119
Images - Vidéos ........ 120
Le prix ........ 126
Le commentaire d'annonce ........ 129
Faire sa pub ........ 129

**Valider et envoyer la commande ........ 132**
Confirmer la vente ........ 132
Envoyer vite et bien ........ 133
Le retrait sur place ........ 134

**Le paiement** ... **135**
Les différents états de paiement d'une vente ... 135
Le transfert sur le porte-monnaie virtuel ... 136
Le reversement sur un compte en banque ... 137
**Résoudre les éventuels problèmes rencontrés lors d'une vente** ... **138**
L'acheteur tarde à confirmer la réception ... 138
L'acheteur n'a jamais reçu le colis ... 139
Un article fait l'objet d'une réclamation ... 139
Note ou commentaire injustifié ... 140
**Vendeurs professionnels** ... **141**
Définition du vendeur professionnel ... 141
Comment créer son entreprise avec régime de l'auto-entrepreneur ? .. 141
S'inscrire comme vendeur professionnel – les obligations ... 144
Les avantages des vendeurs professionnels ... 146

**5 - Les services** ... **149**

**Le porte-monnaie virtuel** ... **149**
Présentation du porte-monnaie virtuel ... 149
Utiliser le porte-monnaie virtuel ... 150
Résoudre les éventuels problèmes rencontrés avec le porte-monnaie virtuel ... 154
**Les garanties** ... **159**
Garanties gratuites ... 159
Le contrat « Bris & Vol » (CBV) ... 160
L'extension de garantie ... 161
**Les newsletters** ... **162**
**Les avis** ... **163**
Ne pas confondre : avis, questions-réponses produit, questions-réponses annonce ... 163
Pourquoi et comment donner son avis sur un produit ... 163
Résoudre les problèmes éventuels rencontrés avec les avis ... 166

**6 - Astuces & bons plans** ... **169**

**Le parrainage** ... **169**
Le principe du parrainage ... 169
Quelques précisions ... 170
Résoudre les éventuels problèmes rencontrés avec le parrainage ... 173
**L'affiliation** ... **174**
Les principes de l'affilitation ... 174
La mise en œuvre ... 177
**Les widgets** ... **181**

Les widgets parrainage et produit ........ 181
Le widget boutique ........ 183
Insertion du widget dans votre site ou votre blog ........ 184

**Les ventes flash ........ 185**

**Le partenariat avec la Croix-Rouge française ........ 186**

**Conclusion ........ 189**

**Index ........ 190**

# Démarrage rapide

Vous trouverez ici des éléments qui vous permettront de réaliser très rapidement un achat ou une vente sur le site PriceMinister.

Tout cela étant évidemment très synthétique, reportez-vous aux parties « Achat » et « Vente » pour davantage de détails.

## Achetez en trois étapes

### 1/ Recherchez le produit que vous désirez acheter

Utilisez le moteur de recherche du site PriceMinister. Il s'agit de la case précédée d'un pictogramme en forme de loupe dans la barre orange située sous la barre d'onglets bleu marine. Entrez vos mots clés puis tapez « entrée » ou cliquez sur le bouton « go ».

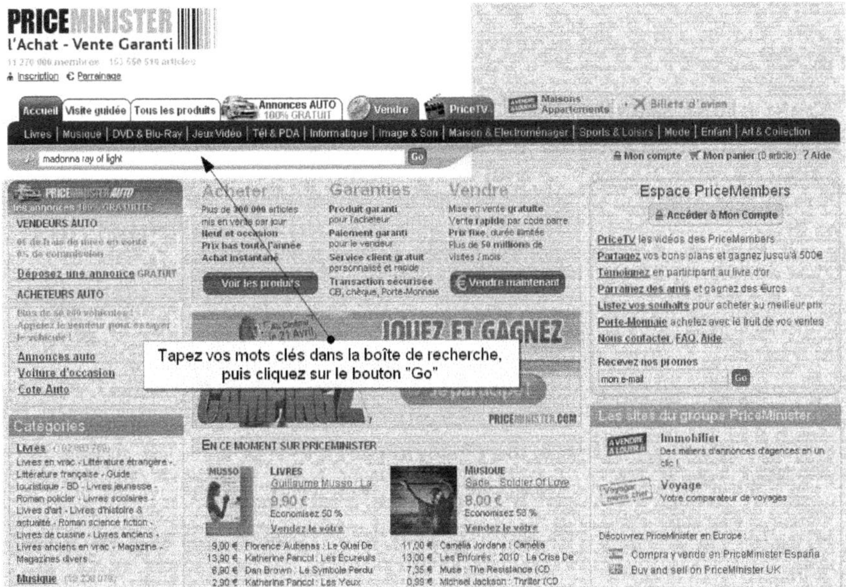


Pour faire une recherche, indiquez vos mots clés au moteur de recherche du site

Vous arrivez alors sur une page de résultat de recherche qui vous présente une liste de produits. Descendez dans la page, repérez le produit que vous souhaitez acheter, puis cliquez sur le bouton « Voir les annonces ». Vous allez alors accéder à la fiche-produit.

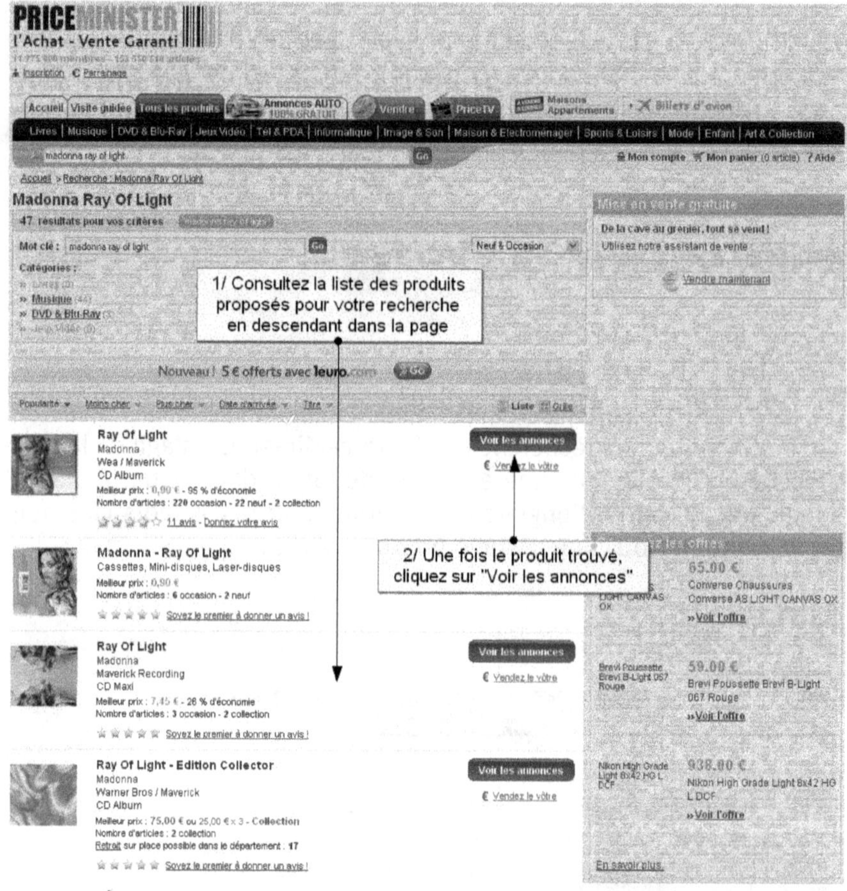


Trouvez votre produit dans la liste des résultats de recherche et cliquez sur « Voir les annonces » pour accéder à la fiche-produit

## 2/ Sélectionnez une annonce et mettez l'article en panier

Une fois arrivé sur la fiche-produit, consultez les annonces, faites votre choix en fonction notamment du prix, de la qualité et de la note du vendeur.

Une fois votre choix fait, cliquez sur le bouton « Ajouter au panier ».

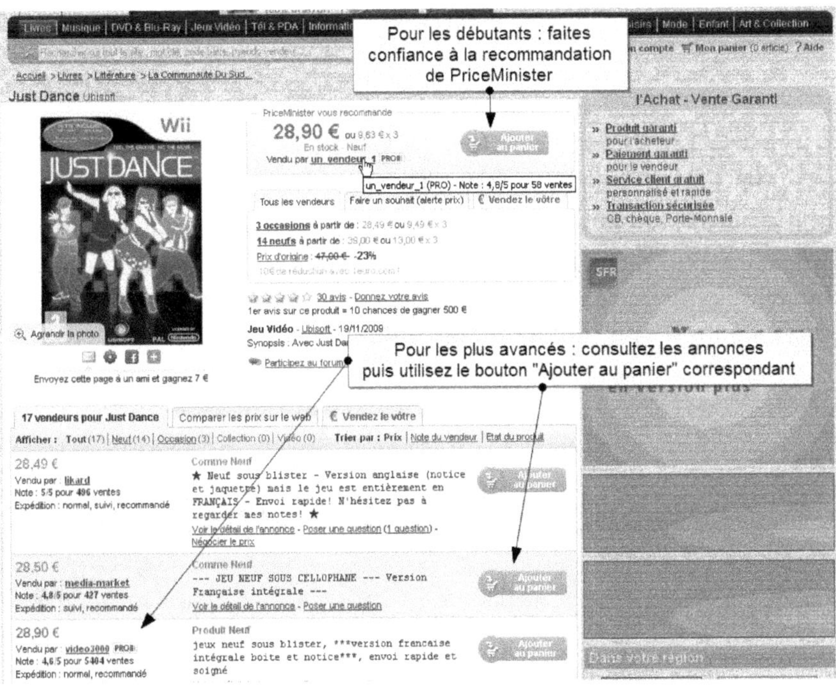


Cliquez sur le bouton « Ajouter au panier »

## 3/ Finalisez votre commande

Après avoir cliqué sur « Ajouter au panier », vous allez arriver sur la page du panier.

Cliquez alors sur le bouton « Terminer ma commande » et laissez-vous guider.

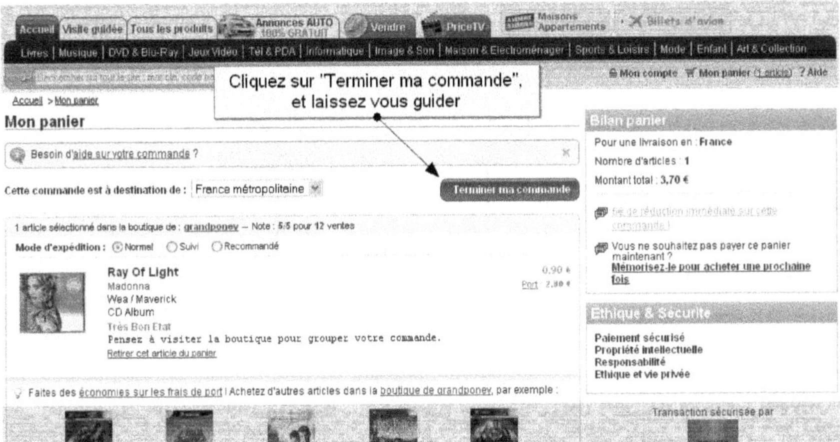


Arrivé dans la page panier, cliquez sur « Terminer ma commande »

# Vendez en trois étapes

## 1/ Recherchez la fiche-produit de l'objet que vous vendez

Utilisez le moteur de recherche du site PriceMinister. Il s'agit de la case précédée d'un pictogramme en forme de loupe dans la barre orange située sous la barre d'onglets bleu-marine. Entrez vos mots clés puis tapez « entrée » ou cliquez sur le bouton « go ».

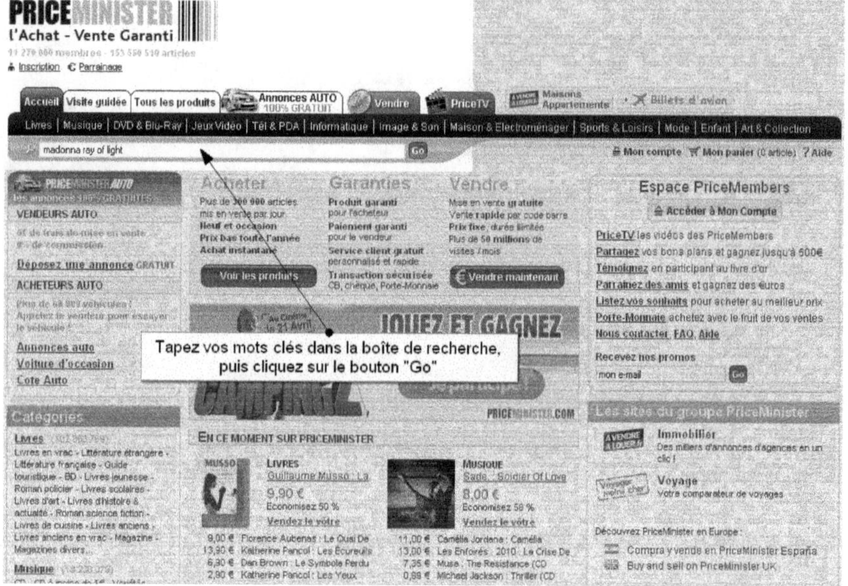


Pour faire une recherche, indiquez vos mots clés au moteur de recherche du site

## 2/ Identifiez le produit que vous vendez

Vous arrivez alors sur une page de résultat de recherche qui vous présente une liste de produits. Descendez dans la page, repérez le produit que vous souhaitez vendre, puis cliquez sur le lien « Vendez le vôtre ». Vous allez alors accéder au formulaire de mise en vente rapide.

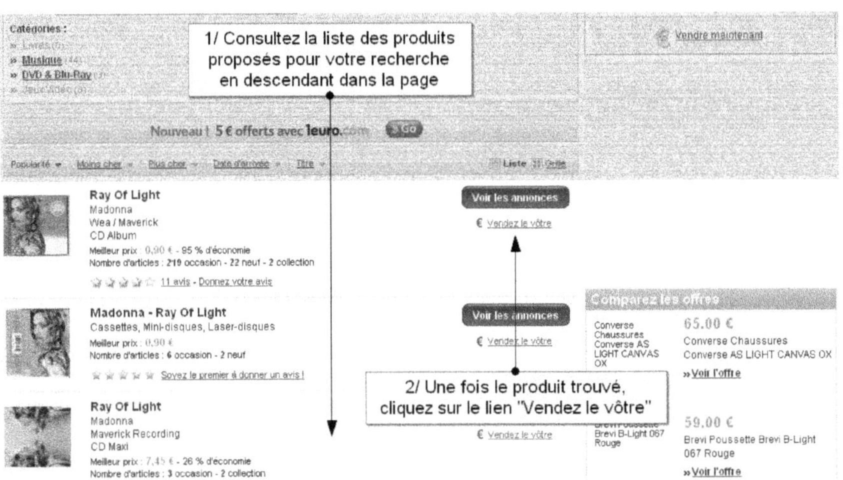


Trouvez votre produit dans la liste des résultats de recherche et cliquez sur « Vendez le vôtre » pour accéder au formulaire de mise en vente rapide

## 3/ Utilisez le formulaire de mise en vente rapide

Une fois arrivé sur le formulaire de mise en vente rapide, vous n'avez qu'a entrer les informations de prix, qualité et un petit commentaire, puis à cliquer sur le bouton « Publier mon annonce ». Si vous n'êtes pas identifié sur le site, laissez-vous guider pour la création de compte.

Le formulaire de mise en vente rapide

Maintenant que vous avez vu à quel point il est simple de vendre et acheter sur PriceMinister, intéressons-nous à tous les détails qui feront de vous un acheteur et vendeur hors pair !

# Introduction

Internet a changé beaucoup de choses dans nos vies, et le commerce n'a pas été épargné ! Les salles de ventes huppées du siècle passé ont ainsi vu leur modèle renaître sous une nouvelle forme, plus accessible : les sites d'enchères et de petites annonces. Dans ce domaine, PriceMinister s'est rapidement imposé comme un leader sur le marché français.

Cet ouvrage va vous guider pas à pas dans la découverte de ce monde de l'achat-vente entre particuliers, et vous présenter toutes les astuces et autres techniques, issues de plusieurs années de pratique, qui vont vous faire gagner du temps et de l'argent !

En effet, le temps où il fallait arpenter de long en large les rues commerçantes pour traquer le plus bas prix est révolu ; tout un chacun peut maintenant en quelques clics, depuis son canapé, comparer les prix sur des dizaines de sites marchands et faire la meilleure affaire. Mais finalement, le mieux n'est-il pas encore de revendre au meilleur prix ce qui ne nous sert plus, pour acheter ce qui nous fait envie au plus bas prix ?

Après la lecture de ce livre, vous naviguerez avec aisance parmi les dizaines de millions de références proposées sur PriceMinister, saurez comment mettre en avant et vendre vos propres articles et ferez de bonnes affaires tous les jours !

# 1 PriceMinister Présentation

Avant d'entrer dans les détails des systèmes d'achat et de vente, cette présentation du site PriceMinister va vous expliquer les principes de base qui le régissent.

## Rapide historique PriceMinister et la naissance de « l'achat-vente garanti »

L'histoire du site PriceMinister est typique de celle des start-up des années 2000. Mais, à la différence de beaucoup d'autres, ce site a survécu à l'éclatement de la bulle Internet de 2001-2002 pour devenir une vraie success-story.

### → Fondation

PriceMinister est un groupe français créé en 2000, en plein essor du commerce électronique grand public en France. Les cinq fondateurs sont Pierre Kosciusko-Morizet, Pierre Krings, Olivier Mathiot, Justin Ziegler et Nathalie Maurin.

Ils s'inspirent directement du site américain half.com pour créer le site PriceMinister qui est, à ses débuts, exclusivement consacré aux produits culturels.

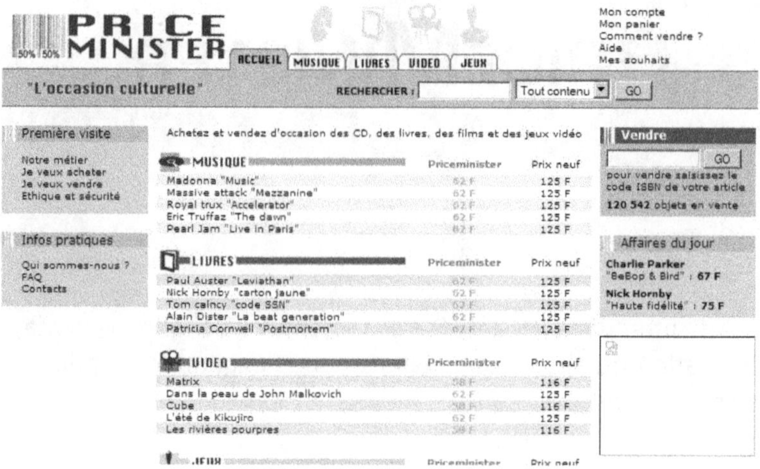

Page d'accueil du site PriceMinister au début des années 2000

## → Expansion

En février 2005, des sociétés de capital-risque entrent au capital de la société. Cela permet au groupe de continuer à élargir son offre mais également d'acheter d'autres sociétés pour concrétiser le concept de plateforme d'intermédiation, unique en France. L'augmentation de capital va aussi favoriser un développement du groupe à l'international.

Ainsi, les opérations se succèdent :

- juin 2005 : lancement d'une activité automobile et création de PriceMinister Auto qui permet aux particuliers de déposer gratuitement des petites annonces de vente de véhicules.
- avril 2007 : rachat de 321auto.com et du réseau Mixad, spécialistes de la petite annonce automobile.
- juin 2007 : rachat de la société A Vendre A Louer, un des leaders de la petite annonce immobilière.
- juillet 2007 : acquisition du site Planetanoo, une newsletter présentant une sélection d'offres de voyages.
- décembre 2007 : rachat des comparateurs de prix voyagermoinscher.com et billetmoinscher.com.
- mars 2009, PriceMinister vend sa société Mixad-321auto à L'argus qui opérera désormais PriceMinister Auto pour le compte du leader de l'achat-vente garanti. Une cession doublée d'un accord commercial permet à L'argus d'atteindre la taille critique et à PriceMinister Auto de consolider sa position dans le secteur de la petite annonce automobile sur Internet.

En parallèle :

- fin 2006 : le groupe pose les fondements de son développement international et lance PriceMinister.es, déclinaison espagnole du site d'achat-vente PriceMinister.com.
- janvier 2009 : le groupe poursuit son développement international en lançant son site au Royaume-Uni : PriceMinister.co.uk.

### ➔ Aujourd'hui

Aujourd'hui, le groupe PriceMinister est centré sur l'intermédiation sur Internet, et plus particulièrement dans quatre secteurs d'activités : l'achat-vente de biens avec PriceMinister, la publication d'annonces immobilières avec avendrealouer.fr, la publication d'annonces automobiles avec PriceMinisterAuto et le voyage avec notamment voyagermoinscher.com et planetanoo.

En mars et avril 2010, PriceMinister s'est hissé à la première place du e-commerce français en termes d'audience. En effet, selon le classement de Médiamétrie, le site a alors accueilli 11,5 millions de visiteurs uniques pour le seul mois de mars !

Et enfin, le 17 juin 2010, PriceMinister a été racheté par le groupe Rakuten, leader japonais et numéro trois mondial du e-commerce pour 200 millions d'euros. Cette association de forces est vue comme le préalable à une accélération de la croissance du groupe en France et en Europe.

## PriceMinister est une place de marché

Le site PriceMinister est une « place de marché ». Qu'est-ce que cela signifie et comment se situe PriceMinister dans la grande famille des sites de commerce électronique ?

### ➔ Typologie des sites de e-commerce

Les sites de commerce électronique fonctionnent selon des modèles qui existent aussi dans le monde « physique », et notamment :

- la vente directe ;
- la distribution ;
- la petite annonce locale ;
- la place de marché.

La vente directe, c'est quand un producteur propose ses produits à la vente sans intermédiaire. C'est le cas le moins fréquent. En général un fabricant est très fort pour produire des articles en masse, mais ce n'est pas son métier de vendre au détail – il n'en a ni le temps ni les moyens. Dans le cas de la vente directe, le vendeur gagne de l'argent en revendant son produit plus cher que son prix de production.

La distribution, c'est lorsqu'un commerçant achète des produits en gros et les revend au détail. C'est le cas le plus fréquent. La société doit alors stocker les produits dans un centre de distribution est les envoyer à l'acheteur. Dans cette configuration, le commerçant gagne de l'argent en vendant les produits plus cher qu'ils les a acheté (marge).

La petite annonce locale, permet à un vendeur de faire connaître son offre à des acheteurs géographiquement proches de lui. La transaction s'effectue par une rencontre physique entre l'acheteur et le vendeur. Le support des annonces gagne généralement de l'argent en faisant payer la publication de l'annonce ou grâce à l'affichage de publicités.

La place de marché est un espace de rencontre entre des vendeurs et des acheteurs. Celle-ci doit être organisée, entretenue et règlementée, sur Internet comme dans le monde physique. Une salle de vente aux enchères comme Drouot, ou un marché d'intérêt national comme Rungis sont des exemples parlants du monde physique. Et on retrouve la même chose sur Internet. Le vendeur et l'acheteur ne sont pas obligés de se rencontrer, cela permet un échange de biens à l'échelon national ou international. Dans l'activité de place de marché, l'intermédiateur gagne de l'argent en percevant une rémunération pour sa prestation de mise en relation (commission).

Aujourd'hui, on retrouve tous ces modèles sur Internet, appliqués de façon pure ou hybride (mélange de modèles et de sources de revenus).

Quelques exemples d'entreprises qui ont des sites internet qui correspondent aux différents cas :

- vente directe : Dell, Levi's ;
- distribution : Cdiscount, Darty, La Redoute ;
- petite annonce locale : Le bon coin, ParuVendu ;
- place de marché : PriceMinister ;
- hybrides : Amazon, La Fnac, Ebay.

## → Le schéma de PriceMinister

Pour bien comprendre le principe de fonctionnement du site, un dessin vaut mieux, comme on le dit souvent, que de longs discours. Voici le schéma proposé sur le site à la page http://www.priceminister.com/help/fv, difficile de faire plus clair.

Comprendre l'achat-vente garanti en 4 étapes

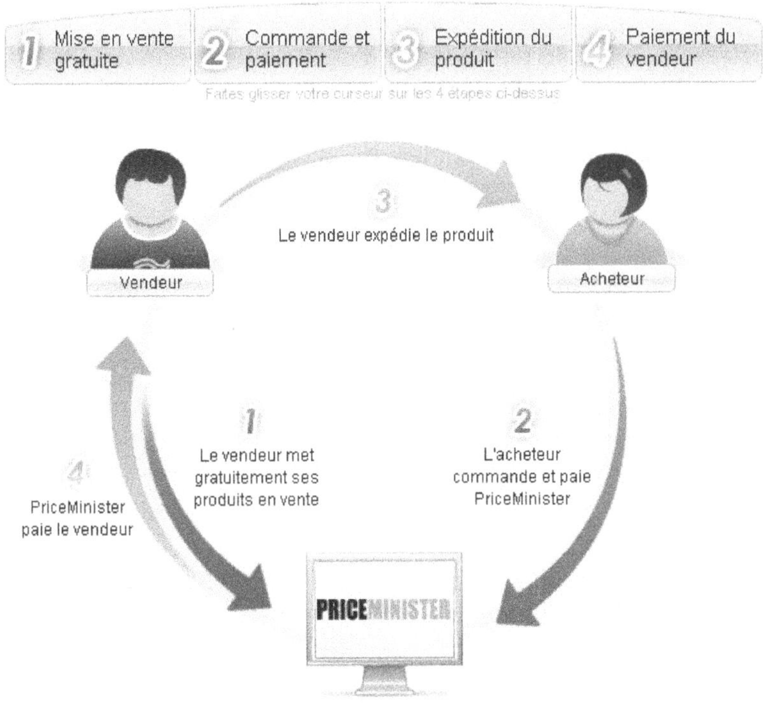


## Les spécificités de la place de marché PriceMinister

Une fois établi le principe de base du fonctionnement du site PriceMinister, il faut tout de même détailler certains points particuliers de son fonctionnement.

### → Ce qu'on y trouve – ce qu'on n'y trouve pas

Certains lecteurs se souviennent encore certainement du slogan, créé dans les années 1960, de la Samaritaine, le célèbre grand magasin parisien qui était très bien achalandé dans tous les domaines : « on trouve tout à la Samaritaine ».

Un peu plus de quarante ans plus tard, il pourrait être repris par PriceMinister, qui propose de tout acheter ou de tout vendre dans quatre grands domaines : le culturel, les produits high-tech, les biens d'équipement et les objets de collection.

Pour bien comprendre la richesse de cette offre, il suffit de cliquer sur l'onglet « Tous les produits » en haut de la page d'accueil du site.

Voici la liste des catégories proposées, classées par ordre alphabétique :

**Liste des catégories du site PriceMinister**

| | |
|---|---|
| Abonnements presse | CD |
| Accessoires auto | Chaîne Hi-Fi |
| Accessoires chaussures | Chaussures |
| Accessoires de mode | Chaussures de sport |
| Accessoires Jeux Vidéo | Coffret cadeau |
| Accessoires mobiles | Collection, Goodies |
| Accessoires PDA | Composants |
| Accessoires Scooter et Mini moto | Consoles |
| Actions - Titres | Consommables |
| Affiches | Cosmétique - Produit de beauté |
| Ampli | Décoration |
| Animalerie | Disque vinyle |
| Appareils photo argentiques | DVD à droits locatifs |
| Appareils photo numériques | DVD autres zones |
| Armes de décoration | DVD Zone 1 |
| Art de la table et Cuisine | DVD Zone 2 |
| Audio auto | Ecran |
| Autocollants | Electroménager |
| Autographes | Enceintes |
| Bijoux | Equipement du pilote |
| Billets de transport | Figurines |
| Billetterie | Filtre photo |
| Blu-Ray | Flash photo |
| Bricolage | Fournitures de bureau |
| Buvards | Fournitures scolaires |
| Câble, Satellite & TNT | Goodies Musique |
| Calculatrices | GPS |
| Calendriers | Gravures |
| Caméscope | Guide officiel & Soluce |
| Cartes de jeux | HD-DVD |
| Cartes postales | Imprimante |
| Casques & Micros | Insolites |
| Cassettes et autres supports | Instruments de Musique |

Instruments de musique anciens et ethniques
Jeux de café
Jeux de plein air
Jeux de rôle et jeux de figurines
Jeux de société
Jeux Vidéo
Jouets
Jumelles
Lecteur & Graveur CD
Lecteur cassette
Lecteur DVD
Lettres
Linge de maison
Lingerie
Livres
Livres anciens
Logiciels
Loisirs créatifs
Luminaires
Magnétoscope
Matériel de sport
Merchandising
Militaria
Miniatures parfum
Mobilier
Mobilier ancien
Mode enfant
Mode femme
Mode homme
Modélisme
Montres
MP3 - Audio portable
Numismatique
Nutrition sportive Objectifs photo
Objets à collectionner
Objets publicitaires
Ordinateur de bureau
Ordinateur portable
Paintball et Armes à billes
Parfums
Partitions et paroles
PDA
Peinture
Périphériques
Philatélie
Photographies
Piscine
Plantes
Plaques émaillées
Platine vinyle
Puériculture
Récepteurs de Radiomessagerie
Réparation CD rayés
Réparation DVD rayés
Réparation Jeux rayés
Répondeurs
Réseau, modem, routeur
Revues
Sacs - Bagages
Scanners
Scooter et Mini moto
Smartphone
Sono, DJ, Home Studio
Sports & Loisirs
Stockage
Tapis
Téléphones fixes
Téléphones mobiles
Télescope
Télévision
Textile chambre et lit
Tickets
Tuner & Radio
UMD Vidéo
Vêtement de maternité
Vêtement de sport
Vêtement promotionnel, Tee-shirt
Vêtements de sport
VHS
Vidéo en pré-commande
Vidéoprojecteur
Vins & Saveurs

Si l'on peut acheter et vendre virtuellement tous les produits sur PriceMinister, il n'en reste pas moins quelques exceptions :

- les produits frais pour des raisons de garanties quant à la qualité des produits et aux dates de péremption ;
- certaines marques de luxe (parfums, vêtements) pour des raisons de lutte contre la contrefaçon ;
- les motos de plus de 125 $cm^3$, camions, camping cars, caravanes, etc. ;
- certains produits pour adultes (films...).

Il est toujours possible de créer un produit que vous ne trouveriez pas (voir la page 116).

**Témoignage**

**Une vraie trouvaille**

Thomas, 35 ans, achète sur PriceMinister depuis 5 ans, et vend depuis 3 ans : « J'ai longtemps cherché un livre du jeu *Killer* que je ne trouvais nulle part... et un beau jour je le vois en vente sur PriceMinister. Je le commande mais, lorsque je le reçois, je vois que le livre a été abimé pendant le transport. Il est tellement difficile à trouver que je l'ai gardé sans faire jouer la garantie PriceMinister. Même si j'ai mal noté le vendeur (quelle idée d'envoyer un livre dans une simple enveloppe kraft), je suis content de ma trouvaille ! »

## → Neuf et occasion

Le site PriceMinister propose des produits neufs et des produits d'occasion, c'est ce qui permet la richesse de l'offre du site.

Dans les produits d'occasion, on distingue différents états qui permettront une meilleure description du produit proposé afin que l'acheteur puisse faire un choix éclairé. Les états sont, du meilleur au moins bon : « comme neuf », « très bon état », « bon état », « état correct ».

**Astuce**

**Il existe un code de couleur pour les annonces**

Les annonces de produits neufs apparaissent en violet, tandis que les annonces de produits d'occasion apparaissent en rouge. Le vert est lui réservé aux produits de collection (voir la page 51).

## → Vendeurs : pros et particuliers

Les vendeurs qui ont accès à la plateforme de PriceMinister sont aussi bien des professionnels que des particuliers.

Les professionnels sont souvent des personnes qui ont un magasin « physique » et qui font de la vente sur Internet en plus de leur magasin. À noter que les auto-entrepreneurs prennent chez PriceMinister le statut « professionnel ».

La catégorie des particuliers regroupe toutes les personnes dont l'activité principale n'est pas la vente de produits, c'est-à-dire la grande majorité des gens.

Astuce

**Pour repérer les vendeurs professionnels**

Les professionnels sont signalés par une mention spéciale « (PRO) » au niveau du logo. De plus, ce sont les seuls à avoir le droit de vendre des produits dans un état « neuf ».

## → Mise en vente gratuite, pas de limite de durée pour l'annonce

Contrairement à d'autres places de marchés, PriceMinister propose une mise en vente gratuite, et surtout aucune limite de durée pour l'annonce.

Une annonce qui n'aboutit pas à une vente générera des conseils par e-mail concernant le prix et passera éventuellement dans un état périmé mais ne sera jamais supprimée.

## → Prix fixes avec négociation

Sur PriceMinister, les prix sont fixes, mais il est possible de les négocier.

L'option de négociation doit être cochée au niveau du compte dans la rubrique « mes préférences vendeur ».

Si l'option est cochée, la possibilité de négocier une offre apparaît sur l'annonce au bout d'un délai variable selon le type de produit. Pour le fonctionnement de la négociation, voir la page 80.

Il est important de comprendre que le modèle de place de marché avec prix fixe est un concept diamétralement opposé au modèle de place de marché avec enchères. Dans un système avec enchères, on peut faire des affaires, mais les prix vont avoir tendance à monter globalement.

C'est donc un modèle théoriquement plus avantageux pour le vendeur. Dans un modèle à prix fixe, les offres sont en concurrence entre elles. Les vendeurs qui veulent générer plus de ventes vont par conséquent avoir tendance à baisser leurs prix. Ce modèle est théoriquement plus favorable aux acheteurs mais les vendeurs, ayant plus de chances de générer de gros volumes de ventes, devraient s'y retrouver.

### → Vente à distance et retrait sur place

Le site PriceMinister propose deux méthodes pour récupérer un achat : à distance *via* La Poste ou Chronopost, ou par un retrait sur place.

L'option d'envoi permet à des acheteurs et vendeurs géographiquement éloignés de pouvoir échanger des produits de taille plutôt petite ou moyenne. Accessoirement, cela permet aussi aux personnes ne souhaitant pas établir de contact de garder leurs distances.

Le retrait sur place permet d'échanger des produits de toutes tailles grâce à une rencontre directe entre le vendeur et l'acheteur, tout en bénéficiant de la garantie PriceMinister.

Pour le fonctionnement détaillé des différentes options, voir chapitre 3.

## Sécurité & Transaction garantie : inscrit dans l'ADN de PriceMinister

Comme pour tous les grands sites de commerce électronique, la sécurité des échanges et des utilisateurs est une priorité numéro un pour PriceMinister.

### → Paiement sécurisé

Afin de garantir une sécurité maximale au niveau des paiements, PriceMinister fait appel à une solution de paiement sécurisé fournie par une banque : le système Sogénactif de la Société Générale qui offre toutes les garanties de sécurité.

Lors du paiement, la connexion est sécurisée. De plus, PriceMinister ne stocke pas les numéros de carte bleue. Cela permet au site de ne pas se faire voler des listes complètes de numéros de cartes de crédit, mais oblige les utilisateurs à renseigner ce numéro à chaque nouvel achat.

## ➔ Lutte contre la fraude et contre la contrefaçon

PriceMinister s'est doté de nombreux outils de lutte contre les fraudes (carte bleue, coupons, etc.) qui permettent de sécuriser globalement les transactions.

Il en est de même concernant la lutte contre la contrefaçon pour laquelle le site coopère de longue date avec les autorités et les marques (Lacoste, Louis Vuitton, Chanel...) afin d'assurer un maximum de garanties aux acheteurs.

## ➔ Notation des vendeurs par les acheteurs et taux d'annulation

La notation des vendeurs par les acheteurs est un élément clé du bon fonctionnement du site PriceMinister.

Le système demande aux acheteurs de noter leur vendeur après chaque achat, ce qui permet plusieurs choses :

– ne payer le vendeur que si le produit a été effectivement reçu et correspond au descriptif de l'annonce ;

– bâtir une cote de popularité des vendeurs, qui apparaît à côté du pseudo. Cela donne une indication à l'acheteur sur la fiabilité d'un vendeur et lui permet d'apprécier le risque sur un futur achat.

Le taux d'annulation est calculé automatiquement par le site, ce qui donne également une bonne indication à l'acheteur sur la fiabilité du vendeur.

## ➔ Hameçonnage (*fishing*)

L'hameçonnage consiste, pour des personnes malveillantes, à envoyer des messages imitant les messages officiels de sites de banque ou de commerce électronique afin de soutirer aux clients leur identifiant et mot de passe, ou bien leur faire visiter une page imitant le site d'origine leur demandant d'indiquer leur identifiant et mot de passe.

Comme tout acteur majeur du Net, PriceMinister est susceptible d'être un jour victime de ce genre d'attaque. Il convient donc de rester vigilant et de bien vérifier les adresses qui apparaissent dans vos courriers et dans votre navigateur.

**Astuce**

***Fishing***

Aucun site bien établi digne de ce nom ne vous réclamera votre identifiant et mot de passe. Si nécessaire, ils vous demanderont d'en recréer. Toute demande de ce type est donc forcément un piège.

Attardons-nous maintenant sur les détails pratiques de l'utilisation du site.

# 2 DÉMARRER LES BASIQUES

Avant d'entrer dans le détail des fonctionnalités du site, nous allons présenter ici quelques notions basiques utiles pour l'achat, la vente ou toute utilisation du site.

Il s'agit notamment de bien expliquer l'utilité des différentes pages du site, comment bien distinguer produit et annonce, et comment créer un compte sur PriceMinister.

## L'ÉQUIPEMENT NÉCESSAIRE

Tout commence par l'ordinateur. Sans lui, pas d'accès au Net...

Mais cela ne suffit pas, débutants et confirmés doivent se préoccuper de quelques autres éléments afin d'utiliser tranquillement Internet pour le commerce.

### → L'ordinateur avec connexion Internet

Tout ordinateur connecté à Internet peut être utilisé afin d'accéder au site PriceMinister : à la maison, chez des amis, dans un cyber-café, etc.

### → Le navigateur

Le site PriceMinister fonctionne bien avec les principaux navigateurs existant aujourd'hui : Internet Explorer, Firefox, Chrome et Safari.

D'une manière générale il vaut mieux, pour des questions d'ergonomie et de sécurité, utiliser la dernière version à jour d'un de ces navigateurs.

### → Les cookies

Attention : votre navigateur doit être configuré pour accepter les cookies. En effet, le site PriceMinister les utilise pour son fonctionnement.

Astuce

**Cookies**

Si votre panier reste toujours vide, le problème vient probablement du fait que votre navigateur n'est pas configuré pour accepter les cookies, vous devez alors les réactiver.

Sous Internet Explorer, rendez-vous sous Outils › Options internet › Confidentialité. Sous Firefox, rendez-vous sous Outils › Options › Vie privée.

Pour davantage de détails, consultez l'aide de votre navigateur.

## → Une adresse e-mail

Pour recevoir les e-mails de PriceMinister qui vous informent de l'arrivée d'une nouvelle vente, d'un article souhaité ou d'une information importante du SAV, il est nécessaire d'indiquer votre adresse e-mail exacte.

Vous pouvez la consulter et la modifier dans votre compte, dans la rubrique « Profil de compte ».

Astuce

**e-mail**

Une bonne pratique dans l'utilisation des e-mails est de distinguer adresse personnelle et adresse utilisée pour le e-commerce ou autre correspondance. En effet, les correspondances personnelles sont peu génératrices de spam. En revanche, les sites de e-commerce vendent souvent les adresses de leurs clients, et vous pouvez rapidement vous retrouver avec pas mal de sollicitations de leurs partenaires. Utiliser des adresses séparées vous aidera à y voir plus clair.

Si vous ne recevez pas les e-mails de PriceMinister :

- l'adresse que vous avez indiquée en vous inscrivant est erronée ou votre boîte de réception est pleine ;
- les messages en provenance de PriceMinister sont considérés comme du « spam » par votre fournisseur d'e-mail.

Dans le premier cas, vérifiez que vous avez bien fourni la bonne adresse e-mail et, le cas échéant, supprimez quelques messages inutiles pour faire de la place.

La seconde situation est un peu plus complexe… En effet, pour lutter contre le spam et les virus (ces courriers encombrants voire dangereux qui envahissent régulièrement vos boîtes aux lettres électroniques), de plus en plus de fournisseurs de messageries se sont dotés de filtres anti-spam qui bloquent les e-mails jugés « indésirables » : adresses inconnues de votre liste, en-têtes publicitaires, etc., et les déplacent le plus généralement dans un dossier appelé « Courrier indésirable » ou « Spam ».

Pour être sûr de continuer à recevoir régulièrement les e-mails relatifs à vos achats-ventes, veillez à ce que les messages en provenance de PriceMinister ne soient pas automatiquement déplacés dans votre dossier de courrier indésirable.

Même si vous utilisez le logiciel Outlook pour lire vos e-mails, vous devrez généralement vous rendre sur votre serveur de messagerie en ligne pour paramétrer la réception des messages en provenance de PriceMinister dans votre boîte de réception.

Chaque messagerie a ses propres filtres :

- **Wanadoo** : Rendez-vous dans la rubrique Messagerie de wanadoo.fr, cliquez sur l'onglet « E-mail » de votre Messagerie, puis sur le dossier « Indésirables » dans le menu de gauche pour accéder à votre liste de messages indésirables. Sélectionnez ensuite le ou les messages émanant de PriceMinister que vous souhaitez ajouter à votre liste verte (autorisée). Pour cela, cochez la case correspondante. Puis cliquez sur le bouton « Ne pas traiter comme indésirable ».
- **MSN/Hotmail** : Les adresses gratuites de MSN et Hotmail incluent toutes un dossier « Courrier indésirable » qui stocke les messages jugés comme intrusifs, en attente de consultation. Vérifiez que les e-mails de PriceMinister n'y sont pas redirigés, auquel cas cochez la case correspondante à chacun des e-mails PriceMinister et cliquez sur « Ceci n'est pas un spam », puis « Je souhaite ajouter ...@priceminister.com à ma liste verte ». Ainsi les futurs e-mails en provenance du même expéditeur seront normalement consultables dans votre boîte de réception.
- **Free, AOL, Neuf, Tiscali (Alice)...** : Les filtres anti-spam de ces fournisseurs de messagerie sont automatiquement intégrés. Toutefois, il faudra vous connecter sur votre messagerie en ligne pour désactiver le filtre lié aux messages PriceMinister si vous constatez que vous ne recevez jamais leurs correspondances.
- **Gmail** : Les spams sont automatiquement dirigés dans le dossier « Spam ». Vérifiez que les mails PriceMinister ne s'y trouvent pas. Pour récupérer un message, sélectionnez-le et cliquez sur le bouton « non-spam ».

- **Yahoo!** : Utilisant un filtre de spams automatique, voici les deux actions à effectuer pour que PriceMinister ne soit pas considéré comme du spam :
  - Si vous découvrez un mail légitime dans votre dossier Spam, cliquez dessus, puis sur le bouton « Pas du spam ».
  - Ajoutez l'expéditeur de ce type de mail dans vos Contacts.

### → Mais encore…

Attention : de la même façon, les logiciels ou plug-ins qui bloquent les pop-ups peuvent vous empêcher d'accéder à certaines indications de l'aide du site PriceMinister.

Pour les utilisateurs avancés, on ne saurait trop recommander un pare-feu, un bon anti-virus et un anti-spyware, qui sont la panoplie indispensable pour tout internaute avisé.

## Comment lire et utiliser les pages du site
## Les différents écrans

Les pages du site PriceMinister proposent un contenu assez dense, touffu, parfois difficile à appréhender au premier abord. C'est pourquoi nous vous conseillons de consacrer un peu de temps, lors de vos débuts sur le site, à comprendre l'utilité et le contenu des différentes pages.

Les explications qui suivent ont pour but de vous faire gagner du temps dans cet exercice.

### → Structure des pages et modèles de page

À ce stade, il est important de passer quelques minutes à essayer de comprendre comment ont été conçues les pages de PriceMinister.

La structure des pages des sites Web obéit à des règles quasi immuables. La disposition des blocs de contenu respecte des standards d'ergonomie qui vont vous permettre de prendre rapidement des repères.

On peut facilement distinguer trois grandes zones dans les pages : la zone du haut appelée le *header*, la zone du centre, parfois découpée en deux ou trois colonnes, appelée le *body*, et une zone en bas au pied de la page, appelée le *footer*.

De plus, différents modèles de page ont été créés afin de répondre à tous les besoins des utilisateurs. On va voir que les modèles de page correspondent aux grandes fonctionnalités du site.

Nous allons maintenant détailler ensemble quelques éléments de structure et modèles de page et repérer ce qui est essentiel à retenir.

## ➜ Le haut et bas de page (*header* et *footer*)

Le *header* concentre un grand nombre d'éléments utiles. De ce fait, il s'agit d'un élément de structure commun à toutes les pages du site.

Le haut de page du site PriceMinister

Légende des puces dans la figure :

1. Le lien « inscription » : il vous permet de vous inscrire au site.
2. Le menu bleu : il contient des éléments déroulants qui permettent d'accéder aux différentes rubriques de produits.
3. Le champs de recherche globale : il sert à effectuer une recherche sur l'ensemble des produits du site.
4. L'onglet « vendre » : il donne l'accès aux formulaires que vous utiliserez pour créer des fiches produit.
5. Le lien « Mon compte » : il vous permet d'accéder à votre compte à tout moment.
6. Le lien « Mon panier » : il vous permet d'accéder à votre panier à tout moment.
7. Le lien « Aide » : il mène à l'aide en ligne et à la foire aux questions qui vont vous aider dans votre utilisation du site.

Le bas de page, aussi appelé *footer*, rassemble un ensemble de liens institutionnels.

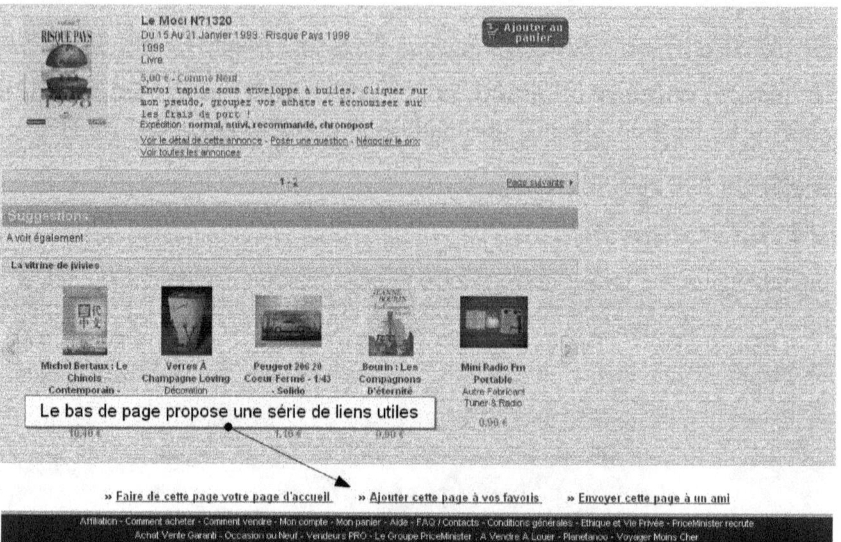


Le bas de page du site PriceMinister

Il est bon de prendre connaissance de cet élément de structure, mais il ne sert pas énormément dans l'utilisation du site.

## → La « page d'accueil » ou « homepage »

On y accède en tapant « http://www.priceminister.com » dans la barre d'adresse du navigateur. La homepage constitue la porte d'entrée principale du site.

Cette dernière contient beaucoup d'informations, c'est une page très dense qu'il faut parcourir avec attention au moins une fois.

Page d'accueil du site PriceMinister

Le cœur de cette page se compose de 3 colonnes :

- La colonne de gauche propose un bloc services (1) et un ensemble de liens de navigation dans la boîte « catégories » (2).
- Le centre de la page contient un bloc d'explications pour les nouveaux visiteurs (3), un bloc d'informations sur les promotions ou les jeux en cours (4) et une présentation des meilleures ventes du moment (5).
- La colonne de droite contient un bloc qui rassemble les liens utiles pour les utilisateurs du site (6), un bloc qui présente les sites du groupe PriceMinister (7), et un bloc qui présente les derniers produits arrivés (8).

> Le bloc « Espace PriceMembers » peut s'avérer utile au début de votre utilisation du site. Mais, à l'usage, l'essentiel est ailleurs : passé la découverte, cette page est secondaire.

## → La page de résultat de recherche

Il s'agit d'une page pivot du site, tant pour les acheteurs que pour les vendeurs.

On y accède en tapant des mots clés dans la case de recherche globale du haut de page, puis en cliquant sur le bouton « Go ».

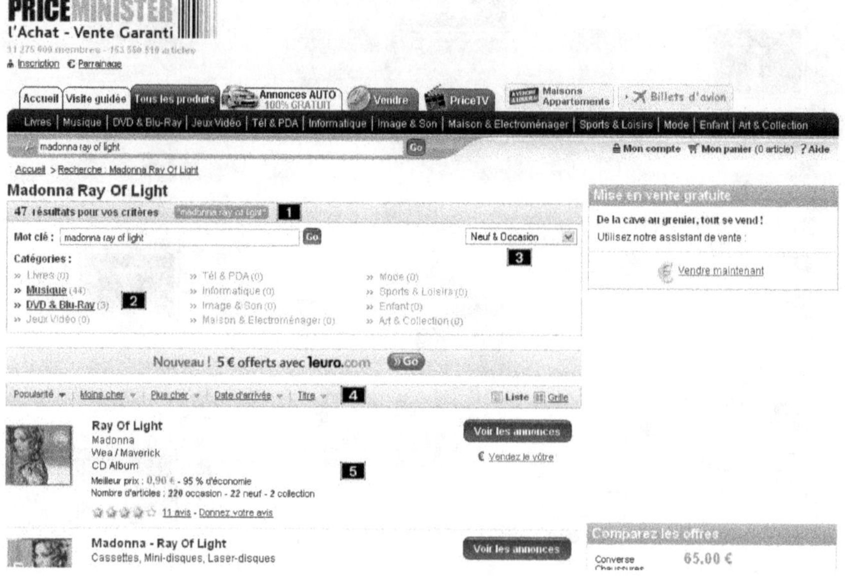


La page de résultat de recherche

Légende des puces dans la figure :

1. Rappel des mots clés et nombre de résultats.
2. Navigation par catégories dans les résultats de recherche : vous pouvez préciser les catégories de produits qui vous intéressent et poursuivre en affinant grâce à la navigation par filtres.
3. Filtres sur l'état du produit : vous pouvez sélectionner les produits neufs, ou d'occasion.
4. Les tris : vous pouvez trier les produits par popularité, par prix, par date d'arrivée ou par titre.
5. Liste des produits : c'est en bas de cette liste que vous avancez sur les pages suivantes si le nombre de produit est trop important pour être présenté sur une page.

**Astuce**

**Le filtre « tout le catalogue »**

Ce filtre est accessible dans le petit menu déroulant en haut à droite du cartouche de navigation.

Il vous permet de faire apparaître les fiches produit qui ne portent pas d'annonce. Cette fonctionnalité est très utile pour les vendeurs car votre produit n'est pas forcément déjà vendu par quelqu'un d'autre.

## ➔ La page de navigation

On accède aux pages de navigation en cliquant dans la barre d'onglets bleus situés dans le haut de page du site.

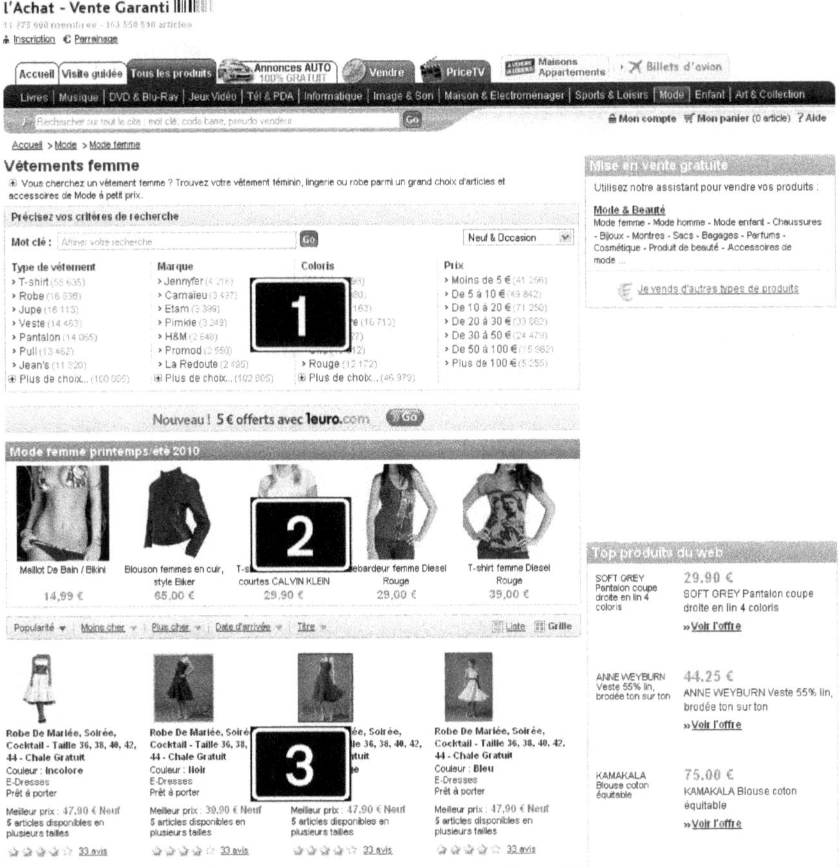


Page de navigation « Mode femme »

Légende des puces dans la figure :

1. Cartouche de navigation : le modèle de page de navigation propose différents outils situés dans le cartouche de navigation.
2. La sélection des spécialistes produit PriceMinister : des spécialistes mettent en avant à cet endroit les bonnes offres du moment.
3. C'est en bas de cette liste que vous avancez sur les pages suivantes si le nombre de produits est trop important pour être présenté sur une seule page.

## → La fiche-produit

Avec les pages de recherche et de navigation, il s'agit d'une autre page pivot du site qu'il convient de bien maîtriser.

Voici les huit zones importantes de cette page :

1. Les informations et actions de base : le haut de la fiche-produit présente les informations essentielles vous permettant de vérifier s'il s'agit du bon produit, ainsi que des actions de base pour acheter et mettre en vente. Le fonctionnement de la recommandation d'achat de PriceMinister est expliqué pages 81 et 130.

Fiche-produit – les informations produit et actions de base

2. Les annonces : les annonces des vendeurs sont listées, afin de choisir parmi des offres en différentes conditions, avec différents prix.

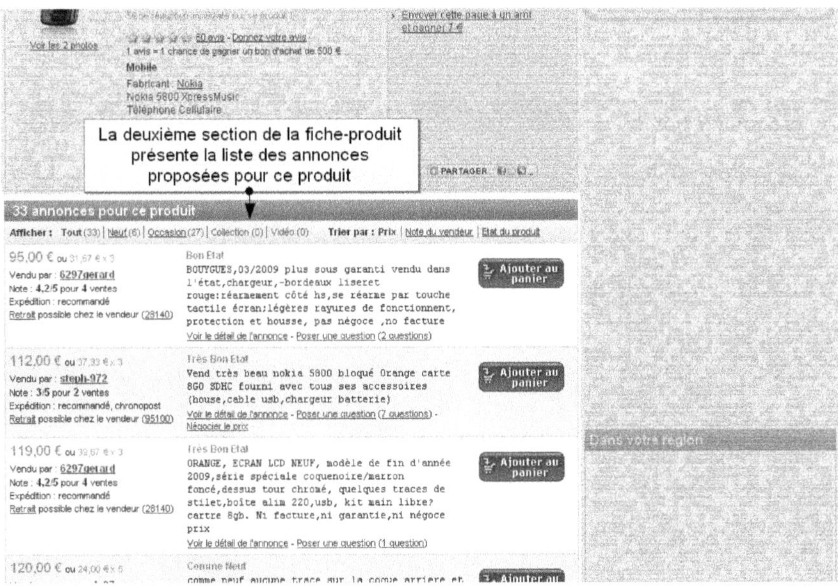


Fiche-produit – la liste des annonces

3. Le comparateur : la fiche-produit vous propose un comparateur qui affiche les prix pour le même produit ou des produits approchants sur d'autres sites. Cela vous donne une idée des prix du marché et vous permet éventuellement de repérer une meilleure affaire sur un autre site.

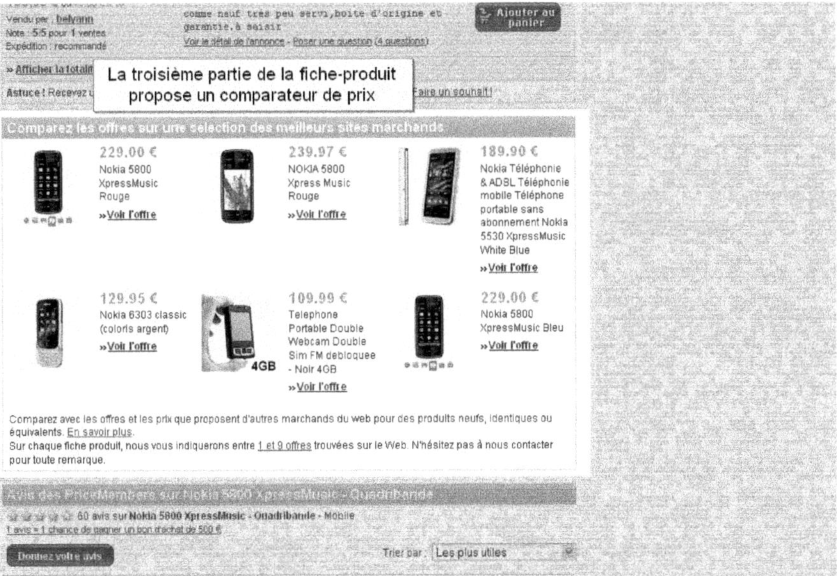


Fiche-produit – le comparateur de prix

4. Les avis : les avis laissés par les autres internautes qui connaissent le produit peuvent vous guider dans votre achat.

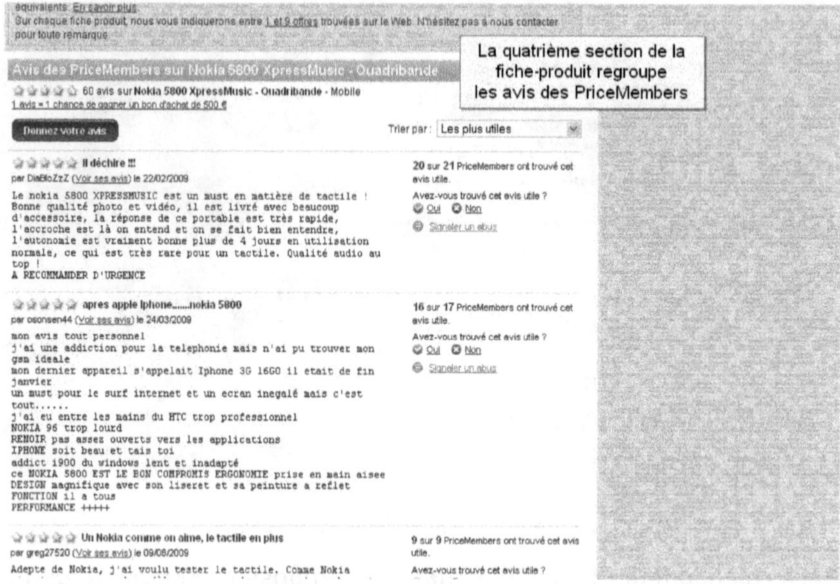


Fiche-produit – les avis des internautes

5. La fiche technique : elle présente les caractéristiques détaillées du produit.

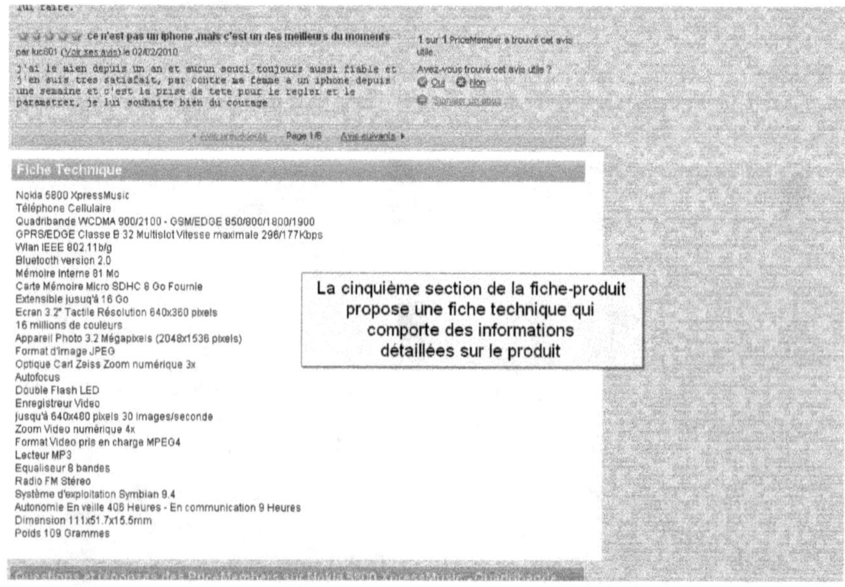


Fiche-produit – la fiche technique

6. Le forum du produit : il s'agit d'un mini forum qui permet aux utilisateurs du site de poser des questions sur le produit. C'est la communauté des PriceMembers qui va apporter les réponses.

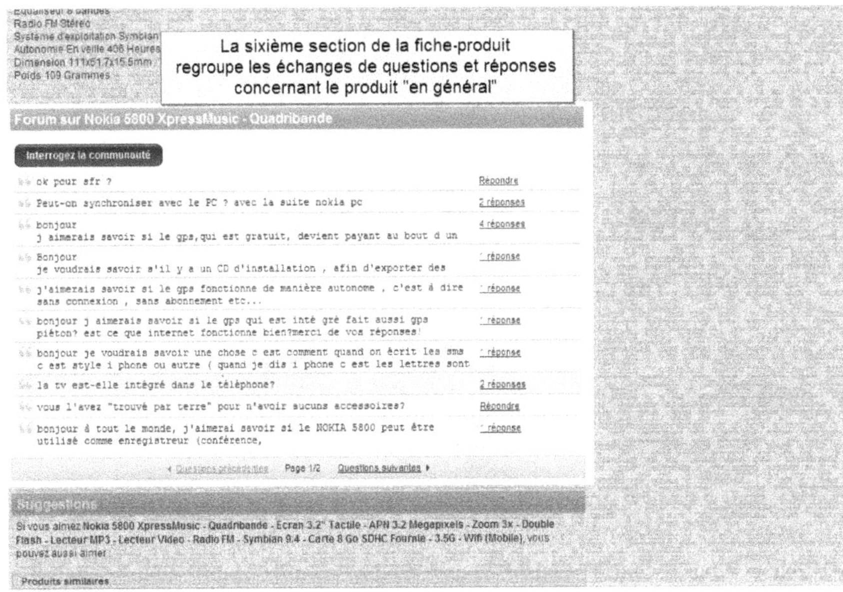


Fiche-produit – le forum du produit

7. Annonces Google : une série de liens publicitaires susceptibles de vous intéresser est présentée à cet endroit.

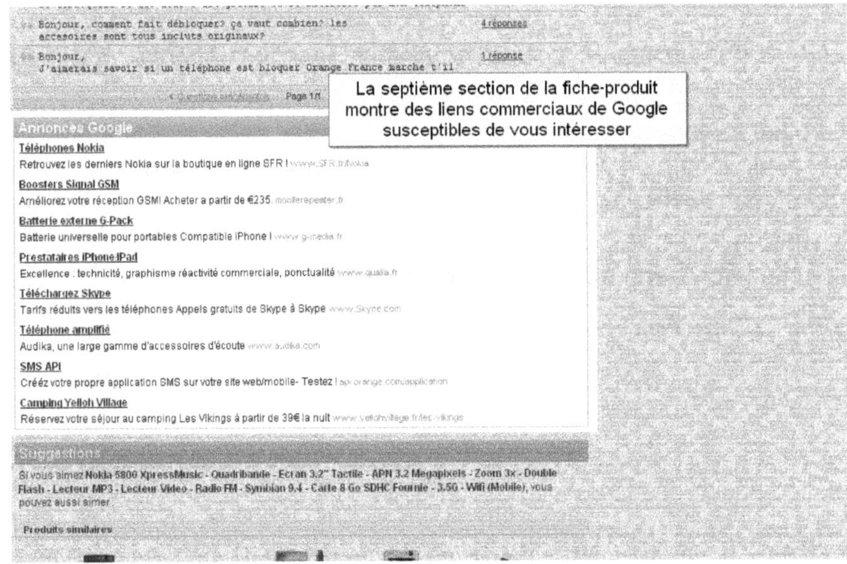


Fiche-produit – les annonces Google

8. Articles similaires et recherches similaires : les produits et liens présentés peuvent vous aider à trouver d'autres produits correspondant à ce que vous cherchez.

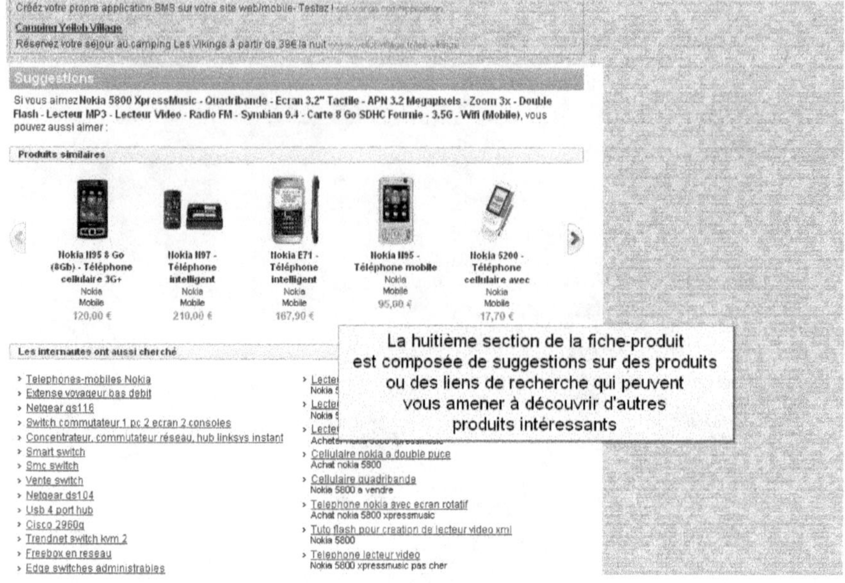


Fiche-produit – les articles similaires

## ➔ Mon compte

Votre compte est la page centrale pour le suivi de vos achats et de vos ventes.

La page « Mon compte » propose trois grandes sections : la première est consacrée à l'achat (1), la deuxième à la vente (2) et la troisième regroupe le reste des fonctionnalités (3), principalement celles d'administration et les actions liées à la communauté. La colonne de gauche servira à accéder à toutes les fonctionnalités en permanence.

La page « Mon compte »

Ne vous inquiétez pas, l'ensemble des fonctionnalités de cette page très riche vont être abordées dans le détail au cours de ce livre.

# Produits et annonces

Pour bien se servir du site PriceMinister, il est important de comprendre un ensemble d'éléments concernant les produits et les annonces.

## → Ne pas confondre produit et annonce – Quelles sont les différences ?

Quand on utilise le site PriceMinister, il faut bien distinguer le produit de l'annonce. Il s'agit de deux notions intrinsèquement liées :

- Le produit correspond à l'item générique qui fait l'objet de mises en vente. Il est décrit en haut de la page que l'on nomme « fiche-produit » (voir la page 40, point 1). La photographie est une image générique de ce produit et ne correspond pas précisément à chaque exemplaire particulier proposé à la vente.
- L'annonce correspond à l'offre de vente d'un exemplaire précis du produit dans un état et à un prix particulier. Les annonces figurent sur la fiche-produit, sous la photo générique. Voir la page 40, point (2). Il convient de consulter les photos d'annonces si elles sont disponibles afin de bien voir ce qui est vendu. En plus de cela, il est possible de poser des questions sur l'annonce afin de mieux s'informer sur l'exemplaire du produit mis en vente.

Donc le produit est porteur d'annonces, ou dit autrement, les annonces sont placées sur les produits.

## → Spécificité du produit

Les éléments suivants vont vous aider à mieux comprendre comment utiliser les fiches-produit.

### Les identifiants produits standards : ISBN, EAN, codes barres, etc.

À chaque fois que c'est possible, le site PriceMinister intègre dans ses fiches-produit les identifiants produits standard les plus couramment utilisés.

Ainsi, si vous tapez l'identifiant de votre produit dans le moteur de recherche, le produit trouvé sera à coup sûr le même que celui que vous avez en main pour le vendre, ou celui que vous aviez noté pour acheter.

Qu'est-ce qu'un identifiant produit standard ?

Il s'agit généralement d'un numéro dont, la composition obéit à une norme ou un standard, utilisé par tous les fabricants d'un type de produit donné.

C'est le cas notamment des ISBN pour les livres et des EAN pour les autres produits (surtout : CD, jeux vidéo, high-tech).

L'ISBN (*International Standard Book Number*) ou numéro international normalisé du livre est unique pour chaque ouvrage (sauf réutilisation par l'éditeur) et rendu obligatoire en France en 1981. Il s'agissait à l'origine d'un numéro à 10 chiffres, mais il est passé à 13 chiffres depuis 2007. On parle d'ISBN-10 et d'ISBN-13. Ces numéros facilitent le traitement des livres par ordinateur. On trouve généralement l'ISBN au dos du livre près du code-barres ou à l'intérieur du livre dans les premières ou dernières pages.

L'EAN (*European Article Numbering*) est un système global qui identifie des articles de manière unique. Il est composé d'un numéro à 8 ou 13 chiffres et d'un code-barre pour la lecture optique. On le trouve en général sur le carton d'emballage du produit ou sur une étiquette collée sous le produit.

Attention, ils peuvent être réutilisés ou manquants...

Il est important de savoir repérer et utiliser ces numéros, cela peut vous faire gagner beaucoup de temps !

## Trouver un produit que l'on connaît

Bien savoir utiliser la recherche globale est essentiel. Acheteurs comme vendeurs sont tributaires de cette fonctionnalité pour trouver un produit connu.

### Par où commencer ?

La façon la plus directe, si on connait le produit que l'on recherche, est d'utiliser la recherche globale disponible en haut de toutes les pages du site (illustration en p.11, point 1).

Entrez un ou plusieurs mots clés dans le champ du moteur de recherche et cliquez sur « Go ».

Le site vous retourne la liste des articles dont la fiche-produit contient ces mots. Pour affiner votre recherche, entrez davantage de mots clés ou précisez le type de champ dans le menu déroulant du moteur.

Il est ensuite possible d'affiner en utilisant les éléments de navigation.

Astuce

**Faire une recherche pour vendre un produit**

Attention, si vous voulez faire une mise en vente, pensez bien à afficher les produits avec ou sans stock, sous peine de ne pas voir certaines fiches-produits et de créer une fiche-produit en doublon des fiches existantes.

### Votre recherche d'un produit ne donne pas de résultat

La base de données de PriceMinister est constamment mise à jour afin de vous proposer un maximum de fiches-produit sur l'ensemble des produits du marché, des produits anciens aux tout derniers produits arrivés.

Si vous n'obtenez aucun résultat après avoir saisi le nom entier d'un produit dans la barre de recherche, tentez une nouvelle recherche avec des termes moins précis.

Si le moteur ne renvoie toujours pas de résultat, il faut vérifier l'expression saisie.

Il existe beaucoup de doublons de fiches-produit, de titres mal écrits, mal orthographiés, de produits mal classés, donc il faut ruser, persévérer. Il peut être nécessaire d'essayer des orthographes alternatives : acheteur comme vendeur peuvent penser savoir écrire un mot correctement...

Si, malgré cela, vous ne trouvez toujours pas votre produit, c'est que celui-ci n'existe pas encore dans la base de données. Nous vous recommandons alors de revenir régulièrement sur PriceMinister pour vérifier si un vendeur ne le propose pas.

Astuce

**Recherche**

En dernier recours, il est possible de faire une recherche sur Google en tapant « produit recherché + PriceMinister » afin de voir si Google

ne saura pas mieux trouver le produit que le propre moteur de recherche du site PriceMinister.
Si on arrive de Google et que la fiche-produit ne porte pas d'annonce... alors il faut élargir la recherche.

### Notion de fiche-produit privée

Dans certains cas (vêtements, œuvres uniques), le système va empêcher la mise en vente sur une fiche-produit déjà existante. Sur ces fiches, le bouton « vendez le vôtre » n'est pas disponible. On parle alors de fiche-produit privée.

Ce mécanisme permet plus de clarté dans la présentation des offres aux acheteurs. Il part du principe que chaque objet de cette rubrique est unique, et l'on veut obliger le vendeur à bien décrire son article plutôt que d'utiliser une fiche produit existant déjà. Ce système évite bien des réclamations.

### Comment signaler une erreur sur le descriptif d'un produit

Si vous avez constaté une erreur dans le descriptif d'un produit (titre, fiche technique, etc.), vous pouvez demander une correction à PriceMinister.

Vous devez décrire l'erreur le plus précisément possible afin d'accélérer le traitement de la correction.

Vos informations doivent être transmises *via* les formulaires qui sont à votre disposition dans l'aide en ligne.

## ➔ Spécificités de l'annonce

Pour bien utiliser le site PriceMinister, il est important aussi de comprendre un ensemble d'éléments concernant les annonces.

### La notion d'état

Lors de la création de votre annonce, vous devez estimer le niveau de qualité de votre article (comme neuf, très bon, bon, correct, hors service). Il faut être le plus objectif possible et sélectionner le niveau de qualité qui se rapproche le plus de l'état réel. En effet, si l'article reçu est d'un niveau de qualité sensiblement moins bon que celui indiqué dans votre annonce, l'acheteur aura la possibilité de faire une réclamation. Si l'équipe du Service Clients de PriceMinister estime que cette réclamation est justifiée, la vente sera annulée.

Pour éviter tout malentendu, il est également recommandé d'ajouter une description détaillée dans le commentaire de l'annonce. Vous pouvez aussi l'accompagner d'une photo ou d'une vidéo.

Enfin, tout article vendu « pour pièces » ou nécessitant une réparation pour être utilisable doit impérativement être classé comme « Hors service » avec un commentaire détaillant la panne et/ou les dommages.

À titre d'exemple, vous trouverez ci-dessous une échelle correspondant aux niveaux de qualité pour différents types de produits.

**Livre**

- Comme neuf : couverture, dos, coins en parfait état, sans tache, manque ni déchirure ; jaquette d'origine bien présente sans déchirure ; pages intérieures sans manque ni déchirure ; pas de tache d'encre, de graisse, d'humidité ; ni surlignage, ni soulignage dans le texte ; pas de notes manuscrites dans les marges.
- Très bon état : sans pouvoir être confondu avec un livre neuf, ne comporte que des défauts minimes, presque imperceptibles...
- Bon état : petits défauts sur la couverture ; la jaquette peut être manquante ; pas de manque de pages ; quelques lignes peuvent être soulignées ou surlignées ; pas de mentions manuscrites dans la marge. Il peut y avoir une dédicace ou le nom d'un précédent propriétaire.
- État correct : le livre doit avoir toutes ses pages ; la couverture peut être légèrement endommagée : coins frottés par exemple ; il peut y avoir des passages soulignés et quelque notes en marge sans nuire à la lecture du texte.

Si cette échelle ne suffit pas à une bonne description de votre article, vous disposez d'un espace supplémentaire pour apporter des précisions. Mais sachez que si votre livre est en mauvais état (pages manquantes, absence de couverture, taches, trous), vous ne pourrez pas le mettre en vente sur PriceMinister !

**CD/VHS/DVD/Jeux vidéo/Logiciels**

- Comme neuf : toujours dans le boîtier d'origine sans rayure ni usure. Toutes les faces de l'article doivent être impeccables, article complet y compris notice d'utilisation et documentation.
- Très bon état : pas de dégâts apparents sur le boîtier, la pochette et l'article lui-même ; notice d'utilisation et documentation incluses ; dents du boîtier CD ou DVD intactes ; pas de « neige » ni de saut de bande VHS ou pistes CD et DVD.

- Bon état : dégâts mineurs sur l'article ou le boîtier (rayures ou annotations) mais pas sur l'article, pochette et notice d'utilisation incluses ; pas de « neige » ni de saut de bande VHS ou pistes CD et DVD.
- État correct : l'article montre quelques signes d'usure, notice d'utilisation incluse, boîtier pouvant être absent (mais il est nécessaire de le signaler en commentaire) ; pas de « neige » ni de saut de bande VHS ou pistes CD et DVD.

Si votre article est en plus mauvais état (« neige » par exemple), vous ne pourrez pas le mettre en vente sur PriceMinister.

**Consoles/Accessoires/Téléphones/PDA/Matériel informatique**

- Comme neuf : article ayant extrêmement peu servi (seuls les pros peuvent vendre du neuf) encore dans son emballage d'origine, sans aucune éraflure et toujours sous garantie.
- Très bon état : pas de dégâts apparents sur l'article et le boîtier, notice d'utilisation et documentation incluses, toujours sous garantie.
- Bon état : dégâts mineurs sur le boîtier mais pas sur l'article, notice d'utilisation incluse, bon état de fonctionnement.
- État correct : l'article montre quelques signes d'usure, mais est en bon état de fonctionnement, notice d'utilisation incluse, boîte d'origine pouvant être absente (mais il est nécessaire de le signaler en commentaire).
- Hors service : appareil vendu « pour pièces », vous devez indiquer très précisément dans le commentaire de votre annonce les problèmes observés sur l'article.

## La notion de collection

Il existe deux façons de concevoir ce qui est « de collection » sur PriceMinister.com :

- au travers des types de produit regroupés sous l'onglet collection : il s'agit des produits « collectionnables » comme les timbres, les télécartes, les pin's, etc. C'est-à-dire des produits que l'on conserve rarement à l'unité et le plus souvent dans le cadre d'une collection. Toutefois, certains de ces produits ne sont pas de grande valeur.
- au travers d'une indication sur l'annonce que l'on choisit au moment de la mise en vente : on cherche à indiquer alors que ce produit a une valeur particulière. Par exemple, une BD qui est un premier tirage en état impeccable peut être dite « de collection ». L'annonce va alors apparaître en couleur verte dans la liste des annonces du produit.

Remarque : il faut faire attention à l'utilisation de ce mécanisme tant pour le vendeur que pour l'acheteur, car il permet de fixer librement le prix de l'objet et notamment de dépasser le prix d'origine. Si le vendeur y recourt de façon abusive, cela peut rendre l'annonce non compétitive, quand à l'acheteur il doit, sans hésiter, poser toutes les questions adéquates au sujet de cette annonce (par exemple : date de parution, précisions sur l'état, etc.).

### Classement des annonces sur la fiche-produit

Il est bon de savoir que les annonces ne sont pas classées par ordre d'arrivée sur la fiche-produit, mais comme suit :

1. Le prix.
2. L'état.
3. La moyenne des notes du vendeur.

Donc pour un même prix et un même état, un « bon vendeur » aura ses annonces au-dessus des annonces d'un « mauvais vendeur » (on se croirait dans un sketch des inconnus ici...).

Après ce dernier tri, il n'y a plus de critères... cela devient aléatoire.

## Conditions générales et charte de communication

Différents textes régissent les relations entre PriceMinister et les PriceMembers.

Lorsque vous utilisez un appareil électronique pour la première fois, il n'est pas nécessaire de lire tout le mode d'emploi, mais vous aurez probablement, avec le temps, besoin de fonctionnalités avancées et donc de vous pencher plus en détail sur son contenu. Il en est de même avec cette section : vous pouvez avoir besoin de vous y référer ponctuellement, mais la parcourir peut tout de même vous éviter des surprises.

### → Les pays autorisés

Avant tout, il est important de noter que l'utilisation de PriceMinister est à l'heure actuelle réservée aux résidents des pays suivants :

- France métropolitaine
- DOM (Guyane, Martinique, Guadeloupe, Réunion)
- Allemagne
- Autriche
- Belgique
- Danemark
- Espagne
- Finlande
- Gibraltar
- Grèce
- Irlande
- Italie
- Liechtenstein
- Luxembourg
- Norvège
- Pays-Bas
- Portugal
- Royaume-Uni
- Suède
- Suisse.

## ➜ Les conditions générales

Il s'agit du texte fondateur concernant tout ce qui se passe sur le site. Nous vous conseillons fortement d'en prendre connaissance, il se trouve à l'adresse suivante : http://www.priceminister.com/help/r_contract.

## ➜ La charte de communication

Cette charte régit les dialogues entre PriceMembers : poser une question sur un produit, échanger des questions sur une vente...

Les textes correspondant à ces indications peuvent être consultés aux adresses suivantes :

http://www.priceminister.com/help/i_review

http://www.priceminister.com/help/i_question

## ➜ La page éthique et vie privée

Ce texte concerne l'utilisation de vos données personnelles et fournit des indications sur les envois de courriers électroniques par PriceMinister. Il se trouve à l'adresse suivante : http://www.priceminister.com/help/h_ethic#h_privacy.

## ➜ Les conditions d'utilisation du service « Photos » sur PriceMinister

PriceMinister vous donne des indications sur l'utilisation des images sur le site. Le texte peut être lu à cette adresse : http://www.priceminister.com/help/r_photo_terms.

### → Le règlement du programme de parrainage

Le parrainage obéit à des règles qui peuvent être consultées à cette adresse : http://www.priceminister.com/help/r_sponsorship.

### → Les conditions liées à l'affiliation

Si vous souhaitez devenir affilié (pour tous les détails, voir la page 174), vous devez prendre connaissance des conditions liées à ce statut. Le texte se trouve à cette adresse : http://www.priceminister.com/info/conditions.

### → Les conditions liées au contrat bris et vol

Elles sont accessibles au format PDF depuis cette page d'aide : http://www.priceminister.com/help/c_cbv. Et voici le chemin d'accès au document au moment où cet ouvrage est imprimé : http://cot.priceminister.com/res/pic/0/www/www/32669/notice_information_cbv.pdf

## Créer son compte

Il n'est pas possible d'acheter ou de vendre sur le site PriceMinister sans avoir créé un compte. Voici ce qu'il faut savoir concernant la création de compte.

### → Pourquoi ouvrir un compte

Il est possible de parcourir le site et de découvrir les produits sans ouvrir de compte. En revanche, pour faire un achat ou réaliser une mise en vente, l'ouverture d'un compte est obligatoire.

Toutefois, on ne saurait trop conseiller d'ouvrir un compte dès le départ car cela offre de nombreux avantages.

Vous pourrez notamment, en tant qu'acheteur, émettre des souhaits sur les produits (voir la page 77), mais aussi mémoriser des produits à partir du panier.

Bien sûr, cela permet aussi de faire courir l'ancienneté dès la création du compte. L'ancienneté sur le site est bénéfique pour les vendeurs ; elle est regardée par les acheteurs, au même titre que la note ou le délai de livraison.

Les informations que vous entrez lors de la création de compte sont nécessaires pour sécuriser le site, traiter vos ventes et achats et pouvoir adresser vos commandes et vos paiements.

Conformément à la loi du 6 janvier 1978 modifiée, vous disposez d'un droit d'accès, de rectification et d'opposition aux informations vous concernant, qui peut s'exercer à tout moment à partir du formulaire prévu à cet effet dans l'aide en ligne.

**Astuce**

**Faites-vous parrainer !**

Avant d'ouvrir un compte, il faut essayer de se faire parrainer. Le parrainage permet d'obtenir un bon d'achat de 7 euros à utiliser comme on veut sur le site.

## ➜ Comment ouvrir un compte

La procédure d'ouverture de compte est simple et rapide.

### Résumé du process d'ouverture de compte

Rendez vous sur la page d'accueil du site et cliquez en haut à gauche sur le lien « inscription », puis remplissez le formulaire qui apparaît.

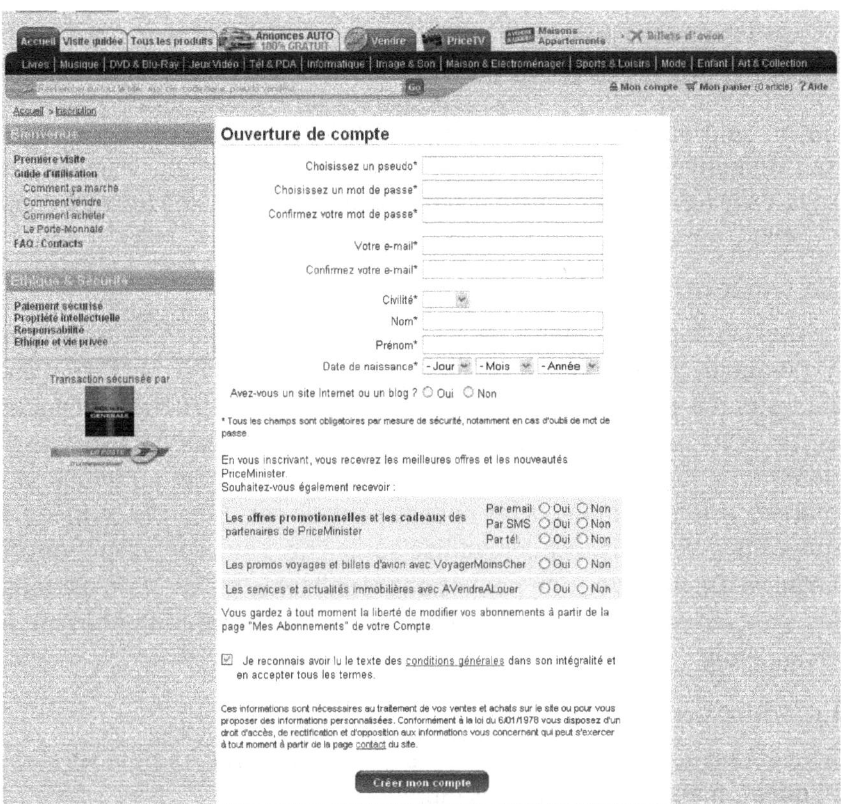


Page de création de compte

En vous inscrivant lors de votre première utilisation du site, vous enregistrez vos nom, adresse physique, numéro de téléphone et adresse e-mail. Ces informations ne seront jamais accessibles sur le site par d'autres personnes que vous-même.

Vous prenez par la même occasion un pseudonyme, qui sera le nom sous lequel vous apparaîtrez sur le site (par exemple « alibaba »). Vous choisissez également un mot de passe qui vous permettra, à vous et à vous seul, d'accéder aux détails de votre compte et de le gérer.

Vous pourrez aussi vous abonner aux messages promotionnels qui peuvent être envoyés par PriceMinister ou par ses partenaires.

Enfin, vous devrez accepter de respecter les conditions générales d'utilisation du site.

Remarque importante : la date de naissance va être demandée à chaque utilisation du porte-monnaie virtuel, donc nous vous conseillons d'entrer une information correcte...

Après validation du formulaire, vous arriverez sur la page « Mon compte », vous pouvez dès alors effectuer des achats.

La partie vendeur de votre compte ne s'activera qu'une fois que vous aurez effectué une mise en vente, puis activé votre boutique. Après la mise en vente, vous recevrez rapidement un e-mail intitulé « Ouvrez maintenant votre Boutique PriceMinister ». Pour que votre Boutique soit définitivement ouverte et que vos annonces soient visibles par tous les acheteurs, vous devrez d'abord cliquer sur le lien présent dans cet e-mail.

## Le choix du pseudonyme (login)

Le choix du login est important. Il est possible de choisir n'importe quel login rigolo, mais si l'on veut inspirer confiance sur le site, l'idéal est de rester raisonnable. *A priori*, si l'on paye ses achats honnêtement et si l'on vend ses produits de la bonne manière, pas besoin de se cacher derrière un login mystérieux. L'idéal est prénom + nom ou initiale du prénom + nom, comme ça les choses sont claires. Bien sûr, si le login que vous avez choisi est déjà utilisé sur le site, vous devrez en trouver un autre. De plus, vous ne pouvez pas réutiliser le même login sur tous les sites internationaux de PriceMinister, il faut en créer un nouveau à chaque fois.

## Le choix du mot de passe

Concernant le mot de passe, les consignes de sécurité habituelles s'appliquent, mais il vaut mieux les rappeler.

On constate en effet qu'en dessous de 10 caractères, un mot de passe composé uniquement de chiffres est trouvable en moins d'une seconde... Et malheureusement, c'est le cas de beaucoup d'internautes : des études ont montré que les deux mots de passe les plus utilisés sont « 12345 » et « 123456 » (http://www.journaldunet.com/solutions/securite/mots-de-passe-populaires.shtml).

Quelques conseils :

- Éviter les mots de passe courants ou basés sur des données personnelles : il s'agit principalement de mots existants dans le dictionnaire, de prénoms ou de suites logiques de chiffres ou de lettres. De plus, on partage de plus en plus de données personnelles sur le Web, donc il vaut mieux éviter le nom de son conjoint, de ses enfants, les dates de naissance. Bref, un bon mot de passe doit ne rien vouloir dire.
- Combiner les lettres, les nombres et les symboles : plus un mot de passe intègre d'« alphabets » différents, moins les attaques par force brute sont efficaces. Le site Passwordmeter (http://www.passwordmeter.com) propose une évaluation très détaillée du niveau de sécurité d'un mot de passe.
- Utiliser des mots de passe uniques : réutiliser un même mot de passe pour plusieurs sites internet est très risqué. Dans l'idéal, il est conseillé d'utiliser un mot de passe par site — et si le nombre de comptes personnels rend l'affaire vraiment trop compliquée, essayez au moins d'en changer pour la boîte e-mail et la gestion de comptes bancaires en ligne.
- Garder les mots de passe dans un endroit sécurisé et sécuriser les options de récupération des mots de passe : Google rappelle que la pire des bêtises à faire est, bien sûr, de lister ses mots de passe dans un document informatique qu'on laisse traîner dans « Mes documents » sous un nom transparent (« Mes mots de passe »)... Quitte à conserver le fichier sur son ordinateur, il faut prendre la précaution de le déguiser — par exemple en document de travail, de le nommer et de le ranger en conséquence. Le moyen le plus simple de retenir un mot ou une phrase de passe est de l'écrire noir sur blanc. Contrairement à une opinion très répandue, il n'est pas déconseillé d'écrire ses mots de passe, mais il convient de les protéger de façon adéquate afin de garantir leur niveau de sûreté et d'efficacité. Il est en général plus difficile d'usurper un mot de passe écrit sur un morceau de papier que de pirater un gestionnaire de mots de passe, un site web ou tout autre outil logiciel de stockage, tels que les gestionnaires de mots

de passe. Vous pouvez oublier votre mot de passe et de nombreux sites vont vous proposer des options de récupération, par exemple en répondant à une question du type « quelle est la ville où vous êtes né ? », ou autre. Dans ce cas, trouvez un moyen de rendre votre réponse unique, en écrivant « P@ris » plutôt que « Paris », par exemple.

- Ne pas les communiquer : énoncé comme cela, le conseil peut paraître idiot. Il est évident qu'il ne faut communiquer son mot de passe dans aucun endroit réel ou virtuel, même en privé à un internaute attentionné qui prétend pouvoir donner un coup de main pour résoudre un problème informatique.

Astuce

**Créez un mot de passe sûr et facile à retenir en 6 étapes**

Pour créer un mot de passe sûr, procédez comme suit :

1. Imaginez une phrase que vous pourrez mémoriser. Elle servira de point de départ à l'élaboration de votre mot ou phrase de passe, par exemple : « Mon fils Olivier a trois ans ».

2. Vérifiez si votre ordinateur ou votre système en ligne accepte une phrase de passe (avec des espaces séparant les caractères).

3. Dans le cas contraire, transformez la phrase de passe en mot de passe. Prenez la première lettre de chaque mot de cette phrase pour créer un mot, qui n'aura alors plus aucune signification. Avec l'exemple ci-dessus, vous obtenez : « mfoata ».

4. Brouillez les pistes en utilisant à la fois des minuscules et des majuscules, ainsi que des chiffres. Vous pouvez également inverser certaines lettres ou intégrer des fautes d'orthographe. Par exemple, dans la phrase ci-dessus, vous pouvez faire en sorte que le nom Olivier comporte une faute d'orthographe, ou bien remplacer le mot « trois » par le chiffre 3. De nombreuses possibilités de substitutions s'offrent à vous ; et n'oubliez pas : plus la phrase de départ est longue, plus le mot de passe pourra être complexe. La phrase peut ainsi devenir « Mon FilS OlivI6R à 3 aNs ». Si votre ordinateur ou votre système en ligne n'accepte pas les phrases de passe, utilisez la même technique sur un mot de passe plus court. Vous pouvez alors obtenir un mot de passe du type « MfOa3a ».

5. Enfin, il est conseillé d'avoir recours à des caractères spéciaux. Vous pouvez utiliser des symboles ressemblant à des lettres, accoler des mots (en supprimant les espaces). Pensez à toute autre

méthode permettant d'augmenter la complexité du mot de passe. En appliquant ces astuces, on obtient par exemple une phrase de passe comme « Mon€ilS O10R @ 3 An$ » ou un mot de passe (reprenant la première lettre de chaque mot) tel que « M€Oa3A ».

6. Testez tout nouveau mot de passe à l'aide du testeur de mots de passe indiqué plus haut.

Pour dédramatiser, il faut savoir qu'une personne qui emprunterait le mot de passe d'un compte PriceMinister ne pourrait pas en faire grand chose car virer le contenu d'un porte-monnaie virtuel sur un autre compte bancaire que celui prévu, ou commander des articles grâce à un porte-monnaie virtuel volé laisse des traces et les auteurs seraient vite retrouvés.

## ➔ Utiliser votre compte

Le chapitre sur les modèles de page (voir la page 34) propose une présentation globale de la page « Mon Compte ». Les fonctionnalités concernant l'achat, la vente, les outils communautaires et le porte-monnaie virtuel sont abordées plus loin dans le livre.

# 3 Acheter

Nous ne parlons pas uniquement de « l'achat » en premier parce que le slogan de PriceMinister est « l'achat-vente garanti »... Nous avons simplement constaté que l'on découvre souvent le site PriceMinister par le côté « achat ». Parce qu'on a entendu parler du site, ou parce qu'on a été parrainé. C'est un fait que l'on est généralement plus habitué à acheter qu'à vendre. Honneur donc à l'achat, mais la vente ne perd rien pour attendre !

**Témoignage**

**Nous avons demandé à Pierre Kosciusko-Morizet, P-DG de PriceMinister, ce que signifiait pour lui l'achat sur le site PriceMinister. Voici sa réponse :**

« Quand j'achète, j'ai l'impression de recevoir un cadeau. Une fois avoir payé mon achat, un colis arrive de l'autre bout de la France ; le paquet n'est jamais le même. Et avec un petit mot agréable. J'aime ce côté sympa. Il y a quelque chose de magique, c'est une surprise.

En plus de ça, on trouve sur le site plein de produits épuisés en magasin. J'ai ainsi pu me constituer ma propre intégrale de Léo Ferré, en achetant les CD un par un. »

## Trouver un produit sur PriceMinister

PriceMinister référence plusieurs dizaines de millions d'articles dans ses bases de données : livres, musique, DVD et VHS, jeux vidéo, téléphones et PDA, informatique, image et son, maison et électroménager, sports et loisirs, mode, enfant, vin et saveurs. Chaque référence dispose d'une fiche-produit où sont décrites les caractéristiques principales (titre, fabricant, auteur, éditeur, photo de la couverture, etc.).

Comment retrouver là dedans l'article qui vous convient ?

Il y a plusieurs méthodes pour accéder aux articles. Les deux principales sont la navigation et la recherche, que nous allons maintenant vous présenter.

## → Naviguer dans le site

Naviguer sur le site PriceMinister, c'est un peu comme vous promener dans un magasin en regardant les produits des différents rayons. Soit pour vous laisser tenter, soit pour prendre connaissance de l'offre disponible dans un domaine particulier, pour faire un cadeau, par exemple.

### Pourquoi utiliser la navigation ?

Si vous ne cherchez pas un objet en particulier, vous allez pourvoir parcourir le site à l'aide des outils de navigation. Cette méthode ressemble un peu à ce que vous feriez en parcourant les rayons d'un magasin physique traditionnel, mais vous pourrez faire beaucoup mieux avec les outils modernes mis en place sur le site web de PriceMinister.

La navigation de PriceMinister va en effet vous proposer plusieurs outils qui doivent vous permettre de fabriquer des listes de produits qui correspondront à vos critères ; donc tout simplement de fabriquer vos propres rayons !

Pour accéder à la navigation, démarrez de n'importe quelle page, et cliquez sur un lien du menu de gauche, ou dans le menu bleu de la barre de navigation.

### Les différents outils de la navigation

Nous allons expliquer ici comment utiliser les différents outils mis à disposition dans le cartouche de navigation.

#### Les filtres

Le site PriceMinister propose un système de navigation par filtres perfectionné. Vous pouvez sélectionner simultanément l'ensemble des filtres proposés de façon à affiner les listes de produits que vous voulez consulter, et afficher un petit nombre de produits qui correspondent à vos critères, ce qui est facile à consulter.

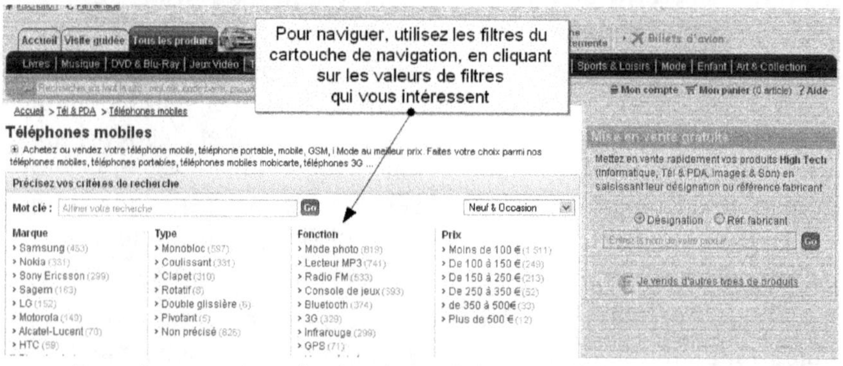


Exemple : page de navigation de la rubrique « Téléphones mobiles »

Les filtres proposent des valeurs sur lesquelles vous pouvez cliquer afin de les combiner pour fabriquer votre propre liste de produits.

Voici la même page dans laquelle on a sélectionné des valeurs de filtre (critères de navigation).

Page de navigation de la rubrique « Téléphone mobile » - avec des filtres sélectionnés : « Nokia » et « moins de 100 € »

Un filtre spécial, situé en haut à droite du cartouche, vous permet de sélectionner les produits qui portent des annonces correspondant à des articles neuf ou d'occasion, neufs seulement, d'occasion seulement, ou encore tous les produits, y compris ceux qui n'ont pas d'annonce – ceci intéresse bien sûr plutôt les vendeurs.

## La recherche locale

Le cartouche de navigation vous propose en haut à gauche une boîte de recherche locale – à la différence de la recherche globale (située dans la barre de navigation), cette recherche se concentre sur les produits situés dans les catégories et les filtres que vous avez choisis.

Voici un exemple de recherche locale.

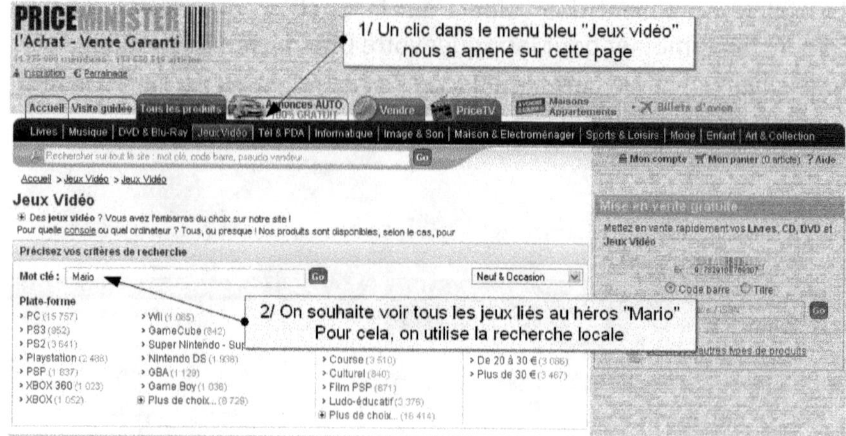


Exemple de recherche locale sur la catégorie « Jeux vidéo »

Et voici les résultats :

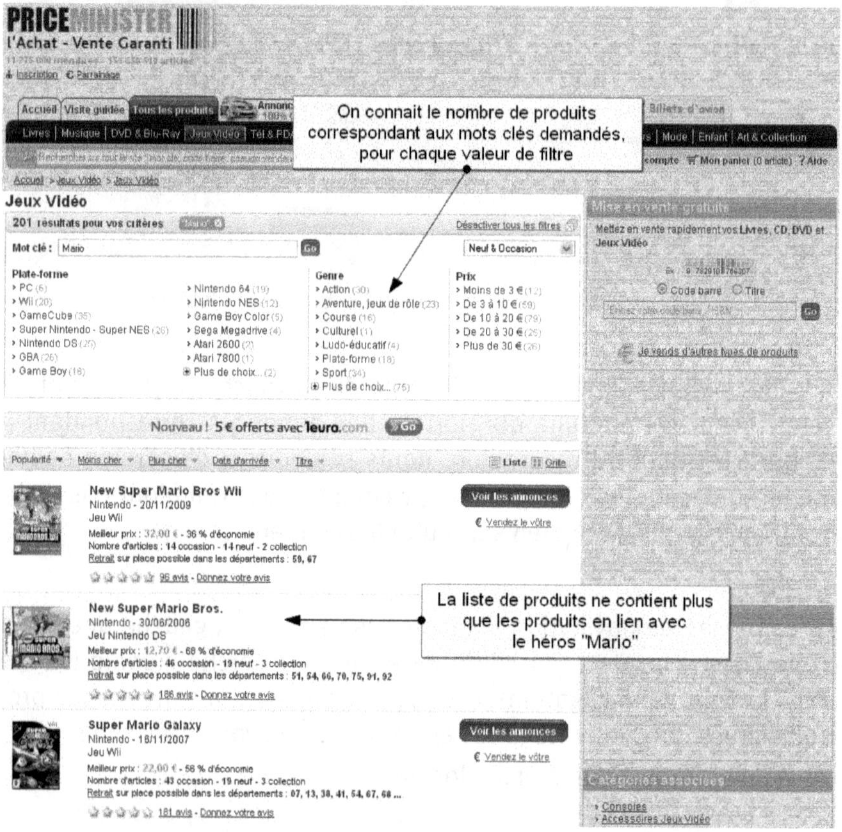

On connait le nombre de produits
correspondant aux mots clés demandés,
pour chaque valeur de filtre

New Super Mario Bros Wii
Nintendo - 20/11/2009

New Super Mario Bros.
Nintendo - 30/06/2006

Super Mario Galaxy
Nintendo - 16/11/2007

La liste de produits ne contient plus
que les produits en lien avec
le héros "Mario"

Résultat de recherche locale sur la catégorie « Jeux vidéo »

**Les tris**

Les tris sont activés grâce aux liens situés au dessus de la liste des produits (voir illustration précédente). Ils vous permettent d'ordonner les produits obtenus par popularité, par prix croissant ou décroissant, ou bien par ordre alphabétique de titre ou d'auteur.

### ➜ Faire une recherche globale

Ce point a été abordé dans le démarrage rapide. Merci de vous y référer.

**Astuce**

**Pas d'offre pour le produit que vous souhaitez acheter**

Si l'article recherché n'est pas disponible, n'hésitez pas à utiliser le lien « Faire un souhait » qui se trouve sur la fiche-produit. PriceMinister vous préviendra par e-mail chaque fois que l'article sera mis en vente (voir la page 77 concernant les souhaits).

Comme vous pourrez le constater, PriceMinister est un site où les fonctionnalités de recherche et navigation convergent fortement : on peut faire de la recherche dans les navigations ou s'appuyer sur la navigation au sein d'une recherche.

## Comparer et se renseigner

Devons-nous le préciser, il faut toujours se renseigner avant d'acheter, afin d'être sûr que l'on va acquérir le bon produit au meilleur prix.

### ➜ Comparer et se renseigner sur les produits

Vous avez trouvé le produit de votre choix mais souhaitez obtenir des renseignements supplémentaires avant de passer commande ? Plusieurs possibilités s'offrent à vous :

#### Se renseigner en magasin ou sur le Web

Pour obtenir des informations sur les produits, rien ne vous empêche d'aller en magasin et de discuter avec les vendeurs, puis de rentrer chez vous et d'acheter à bon prix sur PriceMinister.

> **Astuce**
>
> **Astuce concernant l'achat de vêtement**
>
> Si vous achetez des marques, vous pouvez essayer les habits en magasin afin de connaître votre taille pour une marque donnée, puis commander sur le Web.

Vous pouvez aussi consulter sur le Web les sites des constructeurs ou les sites spécialisés qui vont vous donner des informations techniques sur un produit.

Les forums constituent également une véritable mine d'informations qui seront plus en lien avec l'utilisation du produit et vous aideront à savoir s'il correspond à votre besoin. Mais encore faut-il savoir les trouver et les consulter.

Pour répondre au besoin d'information, PriceMinister a mis en place des mécanismes qui vous permettent de vous renseigner directement sur son site.

## Poser une question générale sur un produit sur PriceMinister

Si votre demande concerne un produit en général (son utilisation, ses caractéristiques...), vous pouvez vous adresser à tous les membres de PriceMinister directement depuis le descriptif du produit.

Votre question sera automatiquement transmise par e-mail à une sélection d'acheteurs et vendeurs du produit et sera clairement affichée sur la page du produit.

### Comment poser une question sur un produit ?

Si vous souhaitez poser une question sur un produit en général, demander des précisions sur ses caractéristiques et sur son utilisation, il vous suffit de cliquer sur le lien « Participez au forum de ce produit » d'une fiche-produit.

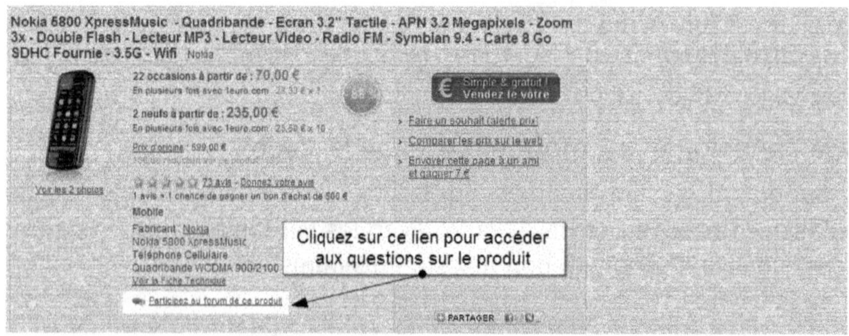


Le lien « forum de ce produit » sur une fiche-produit

Vous pouvez alors prendre connaissance des questions qui ont déjà été posées.

Si vous souhaitez poser une question, cliquez sur le bouton « Interrogez la communauté », puis laissez-vous guider. Il faut cocher « Oui, je souhaite interroger les PriceMembers connaissant ce produit », puis remplir le formulaire proposé.

La section de la fiche-produit dédiée aux questions-produit

Une fois validée, votre question apparaîtra rapidement sur le site, et tous les membres de PriceMinister pourront y répondre.

Attention, votre question ne doit pas s'adresser à un vendeur en particulier, ou aller à l'encontre de la Charte de communication de PriceMinister. Si vous souhaitez poser une question à un vendeur en particulier, référez-vous à la section page 68.

### Comment modifier/supprimer votre question sur un produit ?

Une fois votre question sur un produit posée et publiée sur le site, vous ne pouvez plus la modifier ou la supprimer. Si vous estimez cependant qu'elle comporte des informations erronées et doit impérativement être supprimée, vous avez la possibilité de cliquer sur le lien « Signaler un abus » à côté de la question concernée.

Décrivez ensuite très précisément dans le formulaire proposé le motif de votre demande de suppression. Le Service Clients de PriceMinister interviendra très rapidement.

### Vous souhaitez signaler un abus sur une question/réponse

Si vous constatez qu'une question ou une réponse n'a aucun rapport avec le produit visé, qu'elle comporte des propos injurieux ou va à l'encontre de la Charte de communication de PriceMinister, indiquez-le en cliquant sur le lien « Signaler un abus », à côté du texte concerné.

Décrivez ensuite dans le formulaire proposé le motif exact de votre demande.

Si votre requête est justifiée, le Service Clients de PriceMinister interviendra rapidement et procédera à la suppression du texte signalé.

## Poser une question précise à un vendeur en particulier

Si vous souhaitez obtenir davantage d'informations sur un article et sur l'annonce d'un vendeur, il est possible de poser directement une question au vendeur en cliquant sur « Poser une question » dans le détail de son annonce.

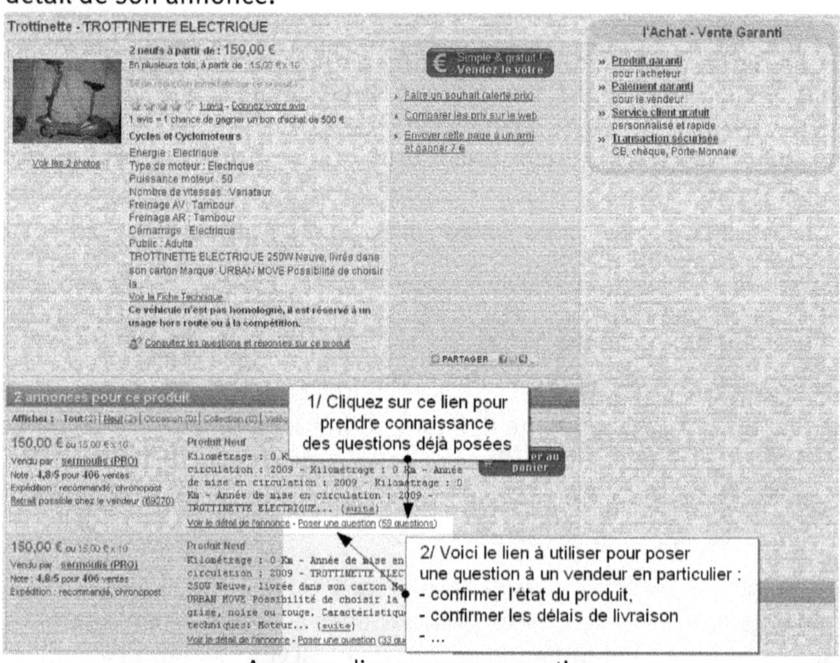


Annonce : lien poser une question

Avant de contacter un vendeur au sujet d'un article donné, vérifiez si l'information que vous cherchez n'a pas déjà été donnée.

Si des personnes ont posé des questions, un lien « x questions » apparaît entre parenthèses à côté du lien « poser une question ». Cliquez et vous verrez alors les questions et les réponses déjà posées pour cette annonce et aurez la possibilité de poser la vôtre.

Après avoir cliqué sur « Poser une question », vous accéderez au formulaire qui vous permet d'envoyer votre question au vendeur :

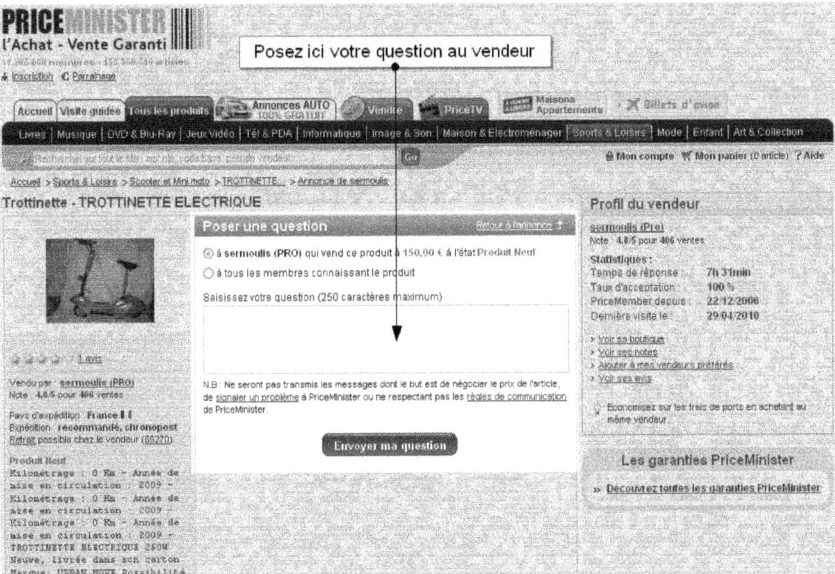


Question annonce : le formulaire

Les questions doivent exclusivement permettre de lever une ambiguïté ou de préciser l'état. Il est expressément demandé de ne pas utiliser ces questions pour marchander le prix.

Vous pourrez ainsi demander au vendeur des précisions sur l'état exact de l'article, sur les délais de livraison, comment sera l'emballage, etc. Un e-mail avertira le vendeur que vous avez posé une question et de la même façon, pour serez prévenu de sa réponse par e-mail.

## Consulter les avis de la fiche-produit

Les avis constituent une source d'information supplémentaire qui vous permet de vous renseigner.

Contrairement aux systèmes de questions-réponses, les avis sont des participations libres des personnes qui ont acheté ou qui possèdent le produit que vous regardez et qui émettent une opinion subjective.

L'avis est constitué d'une note globale allant de une à cinq étoiles, et d'un texte expliquant le score attribué.

Pour lire les avis, cliquez sur le lien « x avis » situé à côté des étoiles et de la photo du produit. Si aucune étoile n'est allumée et si le lien « soyez le premier à donner votre avis » est présent, c'est que personne n'a encore donné d'avis. Afin d'avoir plus d'informations sur cette fonctionnalité, consultez le chapitre sur les avis (voir la page 163).

## → Comparer et se renseigner sur les prix

Vous souhaitez acheter au meilleur prix. Voici comment faire pour mettre un maximum de chances de votre côté.

### Comparer les prix des produits

Pour comparer les prix dans un marché, on fait le tour des étals puis on se décide. Sur le Web c'est pareil : il faut visiter les différents sites avant de se décider. PriceMinister propose quelques astuces à ce sujet.

#### Comparer les prix sur le Web

Plusieurs solutions s'offrent à vous, mais les plus courantes sont les suivantes : visiter plusieurs sites proposant le produit que vous souhaitez acheter, ou utiliser des comparateurs de prix.

Les comparateurs de prix listent les offres de plusieurs marchands, ce qui évite de les visiter un par un. Attention, ils ne sont pas exhaustifs et ne vous permettront pas d'être sûr d'avoir vu toute l'offre possible. En revanche, il peut être utile de les consulter si vous ne savez pas où acheter certains produits.

Attention, lorsque vous comparez des sites entre eux, de nombreux facteurs peuvent intervenir sur les prix. Si, par exemple, le produit vient de l'étranger, il peut être moins cher mais vous risquez de payer des droits de douane ou d'avoir des problèmes avec la garantie constructeur – renseignez-vous bien avant. Les frais de port (voir la page 71) sont un autre élément qui influence les prix.

#### Comparer les prix sur PriceMinister

Commencez par utiliser la recherche ou la navigation pour repérer le produit que vous souhaitez acheter. Attention, le résultat de recherche ou la page de navigation n'indiquent que le meilleur prix, mais pas tous les prix possibles pour ce produit. Rendez-vous ensuite sur la fiche-produit afin de consulter tous les prix proposés.

Astuce

**Les fiches-produit en doublon**

Lorsque vous êtes sur PriceMinister, n'oubliez pas que certains produits sont présents en double, donc vérifiez bien lors de votre recherche que vous consultez toute l'offre du site et que vous visitez toutes les fiches-produit pouvant correspondre au produit recherché.

D'une manière générale, on trouve de très bons prix sur PriceMinister. Mais, si vous n'êtes pas satisfait, n'oubliez pas que vous pouvez négocier le prix (voir la page 80) !

Remarque : il peut arriver que certains prix neufs ne semblent plus d'actualité. Par conséquent le rabais indiqué sur la fiche-produit n'est pas toujours exact.

Les prix neufs indiqués sont ceux communiqués par les éditeurs au moment de la sortie des produits. PriceMinister a décidé de ne pas revoir ces prix en fonction de l'évolution du marché pour plusieurs raisons :

- suivre les prix du marché pour les centaines de milliers de références proposées représente un travail considérable, finalement pas si utile ;
- lorsque les articles sont rares, forcer les prix de façon extrême (en cherchant à égaler à tout moment les prix neufs les plus bas du marché) pourrait pousser beaucoup de vendeurs à ne pas mettre en ligne à –50 % et diminuerait donc d'autant la diversité de l'offre ;
- lorsque les articles sont courants, par exemple des articles destockés en grandes surfaces, la concurrence entre les différents vendeurs fait que les prix baissent naturellement. De nombreux nouveaux vendeurs arrivant tous les jours, cela est de plus en plus le cas.

## Les frais de port

Les frais de port sont un élément important à prendre en compte lors de l'achat car ils vont forcément augmenter la facture finale.

### Comparer les prix entre les sites « frais de port inclus »

Quel que soit le site de vente en ligne sur lequel vous vous trouvez, il faut toujours comparer les diverses offres en incluant les frais de port. Constituez différents paniers sur différents sites afin de voir combien vous coûtera l'achat au global, puis abandonnez votre achat sur les sites sur lesquels le prix ou les délais de livraison ne vous satisfont pas.

## Consulter les frais de port sur PriceMinister

Sur PriceMinister, les frais de port de votre commande sont indiqués dans votre panier et calculés automatiquement à chaque fois que vous y ajoutez ou retirez un article.

Le panier – indication des frais de port

## Le calcul des frais de port sur PriceMinister

Le montant varie en fonction de la catégorie du produit, du mode d'expédition et du pays d'expédition choisis. Il sera ainsi majoré si vous choisissez par exemple le suivi ou le recommandé.

Les catégories de produit correspondent à des tailles d'envoi :

| CATÉGORIE | TYPE DE PRODUIT |
|---|---|
| A | **Culturel** : cartes de jeu |
| B | **Culturel** : CD<br>**Accessoires jeux** : cartes mémoire |
| C | **Culturel** : DVD, jeux vidéo, petits livres, vinyles 45T...<br>**Informatique** : petits composants (mémoires vives, mémoires flash...), souris, connectique<br>**Accessoires jeux** : adaptateurs manette, puces, câbles...<br>**Mode :** vêtements enfant, vêtements adulte T1 (t-shirts, ensembles, sous-vêtements...) |
| D | **Culturel** : livres moyens, VHS<br>**Mode :** vêtements adulte T2 (pantalons) |

.../...

.../...

| | |
|---|---|
| E | **Culturel** : logiciels, CD-Rom, vinyles 33T et maxi 45T<br>**Téléphonie** : mobiles, PDA, GPS, calculatrices<br>**Informatique** : composants moyens (cartes mères, cartes graphiques, processeurs...), périphériques (claviers, haut-parleurs, modems...), accessoires de stockage, supports vierges<br>**Image et Son** : audio portable, autoradios, accessoires, flashs, casques et micros<br>**Accessoires jeux** : manettes, télécommandes, écrans, joysticks<br>**Mode :** chaussures, accessoires |
| F | **Culture** : gros livres<br>**Image et Son** : appareils photo, caméscopes, objectifs<br>**Mode :** vêtements adulte T3 (manteaux, robes de mariée), sacs, bagagerie |
| G | **Culturel** : consoles<br>**Informatique** : ordinateurs portables, écrans LCD, boîtiers, imprimantes, scanners<br>**Image et Son** : lecteurs et graveurs CD/DVD, chaînes hifi, platines, magnétoscopes, sono auto, tuners<br>**Accessoires jeux** : volants |
| H | **Informatique** : imprimantes multifonctions<br>**Image et Son** : ensembles home-cinéma |
| I | **Informatique** : écrans CRT, ordinateurs de bureau<br>**Image et Son** : amplificateurs, TV petit format (LCD jusqu'à 40" ) LCD, projecteurs |
| J | **Maison :** gros électroménager (lave-linge, lave-vaisselle, cuisinière...) |
| K | **Image et Son** : TV grand format (LCD 46" et +) |
| L | **Sports & Loisirs** : deux-roues, quads, karts...<br>**Maison :** commodes, armoires, jeux de café... |

Tableau des tailles de frais de port

Lors de votre commande sur PriceMinister, plusieurs modes de livraison peuvent vous être proposés par votre vendeur :

- normal ;
- suivi ;
- recommandé ;
- recommandé So Colissimo (livraison à domicile) ;
- point de retrait So Colissimo ;
- Chronopost.

Vous trouverez un descriptif plus complet des différents modes d'expédition à la page 113 de ce livre.

Les modes « So Colissimo » et « Chronopost » ne sont proposés que pour des livraisons depuis et vers la France métropolitaine. Pour les livraisons en mode « Suivi », « Recommandé » ou « So Colissimo », le montant des frais de port comprend le coût de l'assurance, qui varie en fonction de la valeur totale de la commande.

Les frais de port pour les livraisons en mode « Chronopost » varient en fonction du nombre d'articles et du type de produits commandés. Le montant correspondant est calculé automatiquement lorsque vous ajoutez l'article à votre panier.

Si vous commandez pour 40 € (ou plus) à un même vendeur, celui-ci ne pourra vous proposer que les modes « Recommandé », « So Colissimo » ou « Chronopost », ceux-ci offrant des garanties supplémentaires de livraison pour votre colis.

Des grilles définissent les frais de port selon la taille de produit et le mode d'expédition.

Voici la grille pour l'expédition en France :

| ENVOI LOCAL | | | | | | |
|---|---|---|---|---|---|---|
| CAT. | 1er article | Suivi | Recommandé / So Colissimo | | | Article suivant* |
| | | | - de 40 €* | 40 à 150 €* | 150 € et +* | |
| A | 1,00 | 2,30 | 3,80 | 4,40 | 5,30 | + 0,10 |
| B | 2,80 | 4,10 | 5,60 | 6,20 | 7,10 | + 1,00 |
| C | 2,90 | 4,80 | 5,70 | 6,30 | 7,20 | + 1,00 |
| D | 4,40 | 6,20 | 7,20 | 7,80 | 8,70 | + 1,00 |
| E | 4,90 | 6,40 | 7,70 | 8,30 | 9,20 | + 1,00 |
| F | 6,40 | 8,50 | 9,20 | 9,80 | 10,70 | + 1,00 |
| G | 8,90 | 11,40 | 11,70 | 12,30 | 13,20 | + 8,90 |
| H | 12,50 | 15,50 | 16,50 | 17,50 | 18,50 | + 12,50 |
| I | 19,50 | 22,50 | 23,50 | 24,50 | 25,50 | + 19,50 |
| J | 32,00 | 35,00 | 36,00 | 37,00 | 38,00 | + 32,00 |
| K | 35,50 | 38,50 | 39,50 | 40,50 | 41,50 | + 35,50 |
| L | 52,00 | 55,00 | 56,00 | 57,00 | 58,00 | + 52,00 |

Tableau des tarifs de frais de port – acheteur – France (en euros)

| CAT. | EUROPE/DOM | | | USA/CANADA | | |
|---|---|---|---|---|---|---|
| | 1er article | Reco. | Article suppl. | 1er article | Reco. | Article suppl. |
| A | 2,00 | 7,00 | +0,10 | 2,10 | 6,10 | +0,30 |
| B | 3,40 | 8,40 | +1,50 | 3,40 | 8,40 | +2,50 |
| C | 5,90 | 10,90 | +1,50 | 6,20 | 11,20 | +2,50 |
| D | 9,00 | 14,00 | +1,50 | 9,00 | 14,00 | +2,50 |
| E | 9,70 | 14,70 | +1,50 | 11,20 | 16,20 | +2,50 |
| F | 13,10 | 18,10 | +1,50 | 17,10 | 22,10 | +2,50 |
| G | 18,50 | 23,50 | +18,50 | NA | | |
| H | 24,50 | 29,50 | +24,50 | NA | | |

.../...

…/…

| CAT. | EUROPE/DOM | | | USA/CANADA | | |
|---|---|---|---|---|---|---|
| | 1er article | Reco. | Article suppl. | 1er article | Reco. | Article suppl. |
| I | 31,50 | 36,50 | +31,50 | NA | | |
| J | NA | | | NA | | |
| K | 50,50 | 55,50 | +50,50 | NA | | |
| L | NA | | | NA | | |

Tableau des tarifs de frais de port – acheteur – Étranger & DOM (en euros)

Ce tableau est non exhaustif (toutes les catégories ne sont pas listées). Le montant des frais de port vous est clairement indiqué pour chaque commande, dans votre panier.

Sachez que si vous commandez plusieurs articles de catégories A à F chez un même vendeur, les frais de port seront calculés de manière dégressive (ce qui est plus avantageux).

Le calcul appliqué est le suivant : (frais de port pour le plus gros article du vendeur) + (1 € par article supplémentaire acheté au même vendeur).

Ce calcul ne s'applique pas aux catégories de produit G à K.

Important : un supplément sera ajouté au montant total pour toute commande en suivi ou recommandé.

Quelques exemples :

- Vous commandez en mode « normal » un petit livre et un CD à un même vendeur. Montant des frais de port : 2,90 € + 1 € = 3,90 €.
- Vous commandez en mode « Point de retrait So Colissimo » un lecteur DVD et une TV LCD 46 à un vendeur X, ainsi que 2 DVD à un vendeur Y. Montant des frais de port : 41,50 € + 8,90 € + 2,90 € + 1 € = 54,30 €.

D'une manière générale, ces tableaux ont pu varier depuis l'impression de ce livre. Ils figurent dans l'aide du site et vous devrez les consulter régulièrement en ligne : http://www.priceminister.com/help/hb#hb_shipping.

## Comparer les annonces

Avant tout achat sur PriceMinister, analysez bien les différentes annonces proposées pour le produit que vous voulez acheter.

N'oubliez pas de faire attention et de bien distinguer les annonces d'occasion, neuves, de professionnels ou de particuliers – tout cela peut faire changer le prix.

Il est important de bien lire le commentaire d'annonce afin d'éviter toute mauvaise surprise. Si vous avez un doute, posez des questions au vendeur (voir la page 68).

Si vous êtes débutant ou pressé, la boîte « PriceMinister vous recommande » pourra vous guider vers une offre qui ne devrait pas vous décevoir, mais pas forcément au meilleur prix. Son fonctionnement est expliqué aux pages 81 et 130.

## Comparer les vendeurs

Si plusieurs annonces vous intéressent et sont à des prix et conditions très proches, vous allez devoir choisir un vendeur. Dans cette situation, consultez les profils des vendeurs.

Pour accéder au profil d'un vendeur, cliquez sur le pseudonyme du vendeur, à gauche de l'annonce. Vous arrivez alors sur la boutique du vendeur.

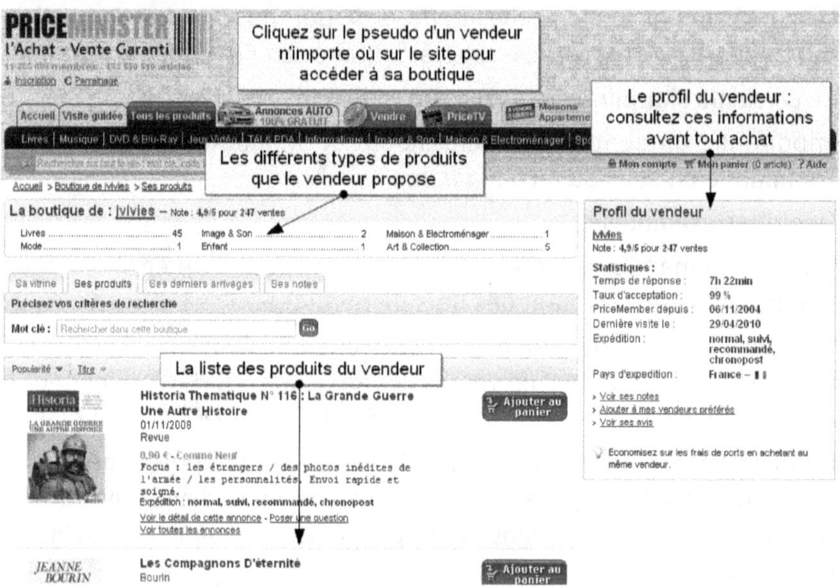


Exemple de boutique

À droite sur la page de boutique se trouve une boîte intitulée « profil du vendeur » avec toute une série d'informations intéressantes :

- La note (sur 5) : il s'agit de l'élément clé. C'est la moyenne des notes accordées par les acheteurs. Vous pouvez consulter le détail des notes en cliquant sur le lien « voir ses notes » situé plus bas.
- Le nombre de ventes : cette information va vous permettre de savoir si le vendeur est chevronné ou occasionnel.

- Le temps de réponse : cet élément vous indique le délai moyen qu'il faudra pour que le vendeur vous confirme la commande.
- Le taux d'acceptation : cet élément va vous permettre de connaître la fiabilité du vendeur pour ce qui concerne la disponibilité des produits.
- Date de création du compte (Pricemember depuis) : cette information va vous permettre d'estimer l'expérience du vendeur.

Muni de toutes ces informations, vous pourrez comparer facilement deux vendeurs et savoir à quoi vous attendre par la suite, en termes de service.

## Les souhaits

Il arrive que l'article que vous recherchez ne soit plus disponible ou que le prix ne vous convienne pas. Que faire dans ce cas ? Faites un souhait !

### ➜ Présentation du système des souhaits

Chaque jour, près de 200 000 nouveaux articles sont mis en vente par des particuliers et des professionnels qui améliorent l'offre disponible sur le site PriceMinister.

Si votre achat n'est pas urgent et/ou si le produit est assez rare, le système de souhaits vous alertera quand le produit sera disponible ou quand le prix aura baissé.

Pour ce faire, deux possibilités : parcourir des résultats de recherche ou des pages de navigation en sélectionnant le filtre « Tout le catalogue » en haut à droite du cartouche de navigation, de manière à faire apparaître les fiches-produit ne portant pas d'annonces, ou vous rendre sur la fiche de l'article concerné et, dans les deux cas, cliquer sur « Faire un souhait ».

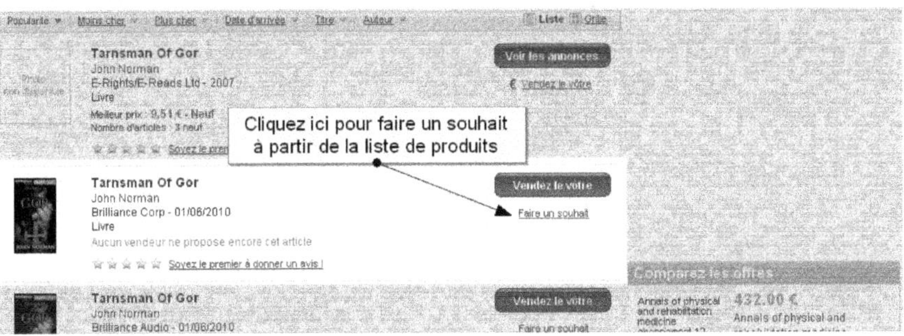


Lien « Faire un souhait » dans la liste de produits

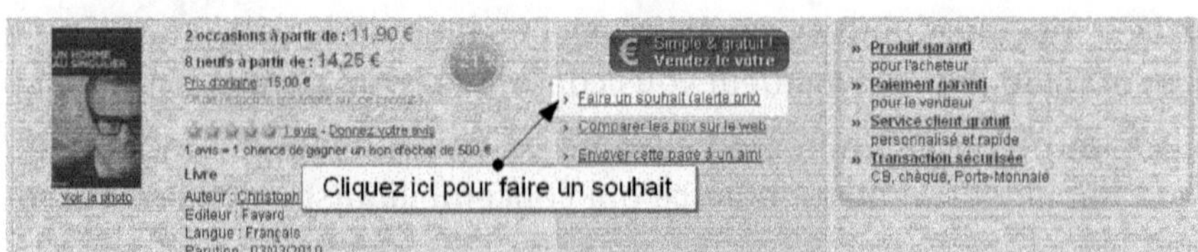


Lien « Faire un souhait » dans la fiche-produit

Ces liens vous amènent sur un formulaire à remplir :

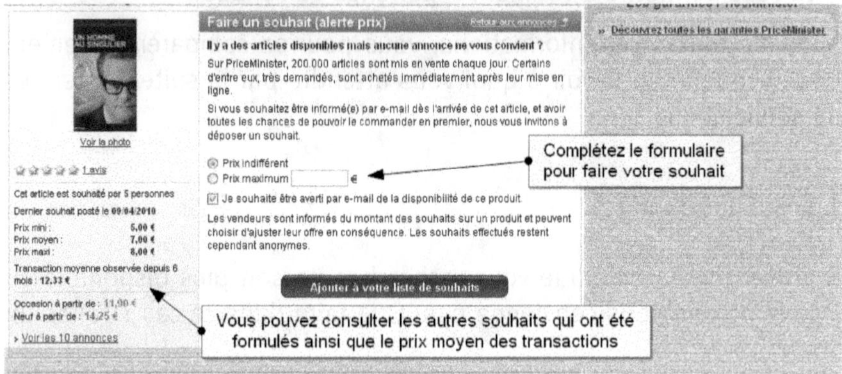


Le formulaire de souhait

Vous serez automatiquement averti(e) par e-mail dès qu'un vendeur mettra en ligne cet article au prix qui vous convient. De plus, un lien coloré apparaît dans votre compte si certains de vos souhaits sont exaucés. Vous pouvez modifier votre liste de souhaits à tout moment, directement dans la rubrique « Mes souhaits » de votre compte.

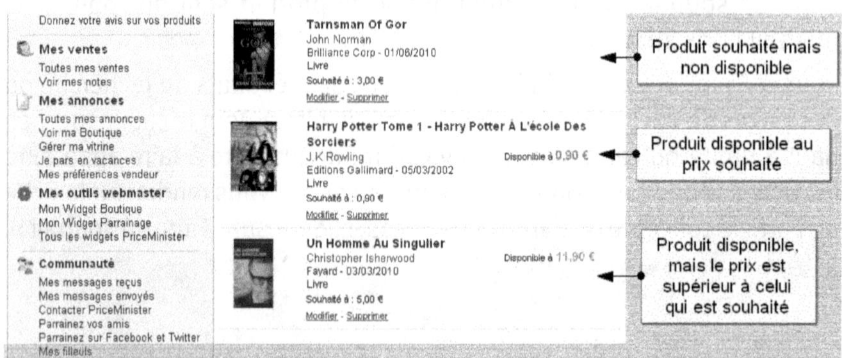


Exemple de liste de souhaits

Les vendeurs sont informés du nombre et du montant des souhaits enregistrés par les acheteurs. Ils peuvent donc choisir d'ajuster leur prix en conséquence.

Faire un souhait, c'est inciter les vendeurs à mettre leur article au juste prix et être sûr de ne pas rater une bonne affaire !

## → Comment bien utiliser le système de souhaits

Avec les souhaits, il y a quelques astuces à connaitre pour éviter les surprises.

### Être rapide

Lorsqu'un vendeur met en ligne un article qui n'était pas encore disponible, PriceMinister envoie automatiquement un e-mail à toutes les personnes qui avaient mis cet article dans leur liste de souhaits. Dès qu'une personne a acheté cet article, il n'est évidemment plus disponible. En conséquence de quoi, les visiteurs arrivant après ne voient plus rien !

Pas d'autre solution, si vous ne voulez pas que l'article de vos rêves vous passe sous le nez, que d'être le plus rapide :)

PriceMinister garantit simplement qu'il n'y a pas de favoritisme et que tout le monde est prévenu au même moment.

### Tenir à jour la liste de souhaits

Vous continuez à recevoir des e-mails alors que vous avez déjà acheté l'article en question ?

Les articles que vous avez placés dans votre liste de souhaits y restent jusqu'à ce que vous les supprimiez, et ce, même si vous les avez déjà achetés. Vous continuerez donc à être averti de l'arrivée de nouveaux vendeurs pour ces articles.

Pour supprimer ces articles de la liste et arrêter de recevoir des e-mails, retirez-les de votre liste de souhaits.

Si vous continuez à recevoir des e-mails alors que vous avez supprimé l'article de votre liste, il est possible que vous ayez ouvert plusieurs comptes sur PriceMinister et que vous l'ayez oublié. La liste de souhaits présente sur un de ces comptes oubliés est peut-être à l'origine de ces alertes inexpliquées.

Pour vous en assurer, rendez-vous sur http://www.priceminister.com/user?action=credential et entrez l'adresse e-mail à laquelle vous recevez ces alertes. Vous recevrez immédiatement un e-mail vous indiquant tous les comptes associés à cette adresse.

### Fixer une limite de prix

Vous ne souhaitez pas être prévenu si le prix proposé est trop élevé ?

Si vous avez intégré un article dans votre liste de souhaits, que vous ne souhaitez cependant pas acheter si son prix est trop élevé, vous avez la possibilité de modifier votre souhait en fixant une limite de prix au-delà de laquelle vous ne serez pas prévenu quand il sera mis en vente. Pour cela, rendez vous dans la rubrique « mes souhaits » et cliquez sur « modifier ».

## Passer la commande

Alors ça y est, vous êtes bien décidé. Votre article est disponible à la vente au bon prix. Il est temps d'acheter...

Pour passer une commande sur PriceMinister, vous devez effectuer quelques étapes très simples.

### → Ajout au panier ou négociation

Il y a plusieurs façons d'ajouter un article au panier :

#### Ajout au panier

Pour ajouter un produit directement au panier, vous devez utiliser un des boutons « Ajouter au panier » de la fiche produit.

Dans le but de faciliter votre achat et de vous guider, PriceMinister peut vous proposer une recommandation en haut de la fiche produit. Il s'agit d'une offre sélectionnée automatiquement par le site selon des critères protecteurs pour l'acheteur : le vendeur doit satisfaire notamment à des critères de note, de faible taux de réclamation, de prix, etc. Il ne s'agit pas forcément de l'offre la moins chère, mais la transaction se passera bien et vous aurez un produit en très bon état. Si cette offre vous convient, utilisez le bouton « Ajouter au panier » situé à ce niveau.

Si vous êtes un utilisateur avancé, que vous désirez comparer vous-même les différentes offres, parcourez les annonces et utilisez le bouton « Ajouter au panier » correspondant à l'annonce que vous avez sélectionnée.

#### Négocier le prix d'un article

Si vous estimez qu'un article est trop cher, vous pouvez négocier son prix. Toutefois, pour ne pas pénaliser les vendeurs et limiter le nombre de sollicitations ou d'offres irréalistes, quelques conditions sont nécessaires avant de pouvoir enregistrer une offre à prix négocié.

Pour pouvoir faire une offre de négociation, il faut notamment que :

- Le vendeur accepte de recevoir des offres de négociation.
- L'article soit en vente depuis un certain temps (ce délai est déterminé par PriceMinister en fonction des catégories de produits).

Dès qu'un article devient négociable, le lien « Négocier le prix » apparaît sur l'annonce concernée. Vous pouvez alors passer commande en enregistrant une offre ferme pour un prix différent en cliquant directement à partir de ce lien.

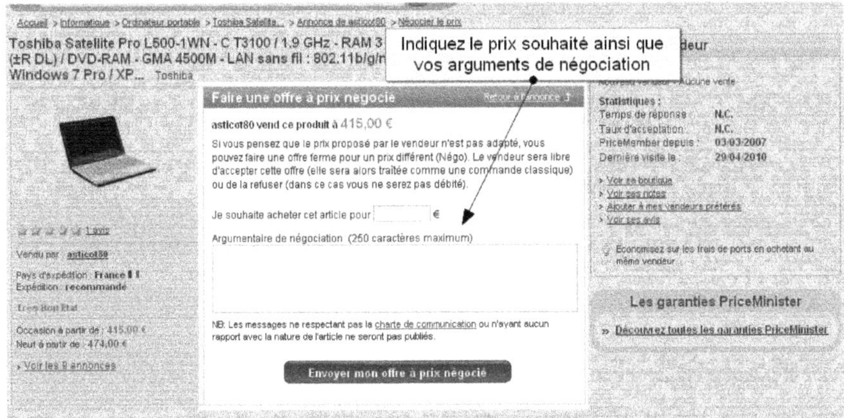

Le formulaire permettant de faire une offre à prix négocié

**Astuce**

Lorsque vous soumettez votre proposition, vous pouvez consulter les dernières offres refusées par le vendeur : tenez-en compte lors de l'enregistrement de votre offre de négociation pour être sûr de faire une offre qui ne se refuse pas.

Comme lors d'une commande classique, le vendeur est informé par e-mail qu'il a une nouvelle offre de négociation. Dès qu'il a pris connaissance de votre offre, il a la possibilité :

- d'accepter votre offre, votre commande est alors traitée normalement ;
- de refuser votre offre, votre commande est alors annulée et vous n'êtes pas débité ;
- de vous proposer un prix alternatif, votre offre est alors refusée, mais vous êtes informé par e-mail du prix alternatif auquel il accepterait votre offre. Si vous le souhaitez vous pouvez alors enregistrer une nouvelle négociation en tenant compte de la proposition du vendeur ;
- de modifier le prix de l'article, l'article est alors remis en ligne selon la règle du « Premier arrivé, premier servi ». Si le nouveau prix fixé vous convient, vous pouvez passer commande normalement.

Lors d'une négociation, vous pouvez laisser un message au vendeur pour argumenter votre proposition. Vous êtes libre de développer les arguments de votre choix, du moment que vous ne cherchez pas à contourner le fonctionnement normal du site. Il est en particulier interdit de :

- jouer sur la fibre émotionnelle pour apitoyer le vendeur ;
- faire référence nominativement à des enseignes ou des distributeurs ;
- indiquer ses coordonnées (e-mail, adresse, téléphone).

Exemples de bons argumentaires :

- « Votre article est moins performant que le XK300 sorti en mai et qui ne vaut que 500 € neuf et sous garantie ! »
- « Votre article est proposé actuellement en grande surface pour seulement 400 € neuf ! »

Exemples d'argumentaires contraires à la charte :

- « Cette carte-mère est pour ma pauvre petite fille. »
- « Il est à 500 € sur www.pcpascherdutout.com »
- « Appelle-moi au 06.42.21.xx.xx »

## → Le panier

Une fois une des actions ci-dessus effectuée (ajout au panier ou offre de négociation), vous êtes alors amené sur votre panier dans lequel votre article vient d'être ajouté. Dans la barre de navigation, à gauche, un lien va alors indiquer le nombre d'articles que vous avez en panier. Come dans un magasin, le panier vous permet de regrouper vos achats avant le passage en caisse.
Le panier vous offre des informations et plusieurs possibilités d'action.

**Témoignage**

**Pierre utilise la boutique vendeur et la négociation**

Nicolas, 32 ans, achète sur PriceMinister depuis 3 ans, et y vend depuis 2 ans.
« Je fais des achats réguliers sur PriceMinister. Il m'arrive parfois de négocier au coup par coup sur des achats isolés, mais cette fois-ci, j'avais trouvé un tome de *Spirou et Fantasio*, une bande dessinée que je collectionne. Je suis allé dans la boutique du vendeur pour voir s'il en avait d'autres, et là j'ai eu la bonne surprise d'y trouver quatre tomes que je ne possédais pas encore. J'ai offert de les lui acheter, mais en offrant un prix négocié pour chaque volume. Il a accepté et j'ai pu compléter ma collection.

Il est souvent plus intéressant pour le vendeur de se débarrasser de tout un lot d'un coup... il a accepté et j'ai fait une bonne affaire. »

Vous pouvez reprendre votre parcours dans le magasin et ajouter des articles au panier. Pour accéder à votre panier, cliquez sur le lien « Mon panier » du haut de page.

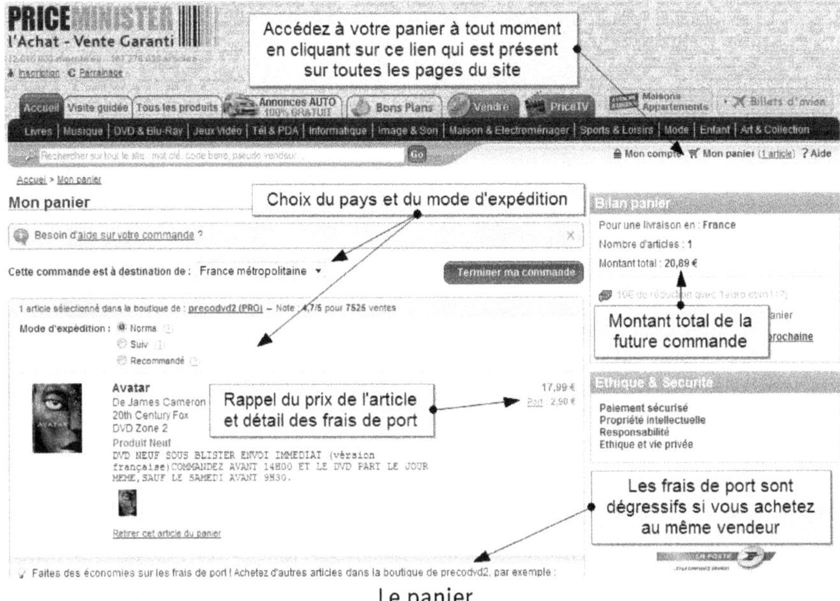

Le panier

Vous pouvez à tout moment décider de retirer des articles ou d'abandonner la session sans rien acheter. Votre achat ne sera finalisé que lorsque votre paiement aura été effectué.

Si vous ne souhaitez pas finaliser votre commande tout de suite, vous avez également la possibilité de mémoriser les articles de votre panier pour les retrouver rapidement plus tard. Il vous suffit pour cela de vous rendre sur la page « Mon panier » puis de cliquer sur « Mémorisez-le pour une prochaine fois ».

Pour enlever un article du panier, cliquez sur le lien « Retirer cet article du panier » situé sous le récapitulatif de chaque article.

En haut à droite de la page panier se trouve le bilan panier qui vous indique le montant total que vous aurez à payer. Vous connaissez ainsi le prix total de vos achats en cours. Les frais de port sont détaillés pour chaque article dans le cartouche central de cette page.

Astuce

**Groupez vos achats**

En bas du cartouche du panier, un lien vous amène directement à la boutique du vendeur à qui vous allez acheter l'article. Cela peut vous permettre de trouver d'autres articles qui vous intéressent et de les grouper dans la même commande afin d'économiser sur les frais de port (voir la page 71).

## Modes d'expédition et retrait sur place

En haut de l'encadré concernant chaque article, vous pouvez sélectionner le mode d'expédition souhaité. Vous pouvez à tout moment décider de changer le mode d'expédition (normal, suivi, recommandé), les frais de port et le montant de la commande seront alors automatiquement recalculés.

### Quels sont les modes d'expédition disponibles ?

Lors de votre commande sur PriceMinister, plusieurs modes d'expédition peuvent vous être proposés : normal, suivi, recommandé et/ou Chronopost.

Pour les envois en suivi, recommandé, ou So Colissimo un montant supplémentaire, en fonction de la valeur totale de la commande, est ajouté.

Les frais de port pour les livraisons en Chronopost varient en fonction du nombre d'articles et du type de produits commandés. Le montant correspondant est calculé automatiquement lorsque vous ajoutez l'article à votre panier.

Pour toute commande, à un même vendeur, égale ou supérieure à 40 €, seuls les modes « Recommandé », So Colissimo et/ou « Chronopost » pourront vous être proposés, ceux-ci offrant des garanties supplémentaires pour la livraison de votre colis.

Pour plus de détail sur les modes d'expédition, référez-vous aux pages 72 et 113.

### Le retrait de la commande chez le vendeur

Pour certaines catégories de produit et lorsque le vendeur le propose, il est possible d'aller retirer votre commande directement chez le vendeur.

Le retrait chez le vendeur est particulièrement utile lorsque les articles :

- sont trop lourds ou trop fragiles pour être transportés par La Poste ;
- doivent impérativement être vus ou essayés par l'acheteur.

Il sera alors indiqué dans l'annonce de ce vendeur : « retrait possible chez le vendeur », ainsi que le département où l'article peut être retiré.

## → Adresse de livraison

L'étape suivante consiste à saisir les coordonnées de livraison.

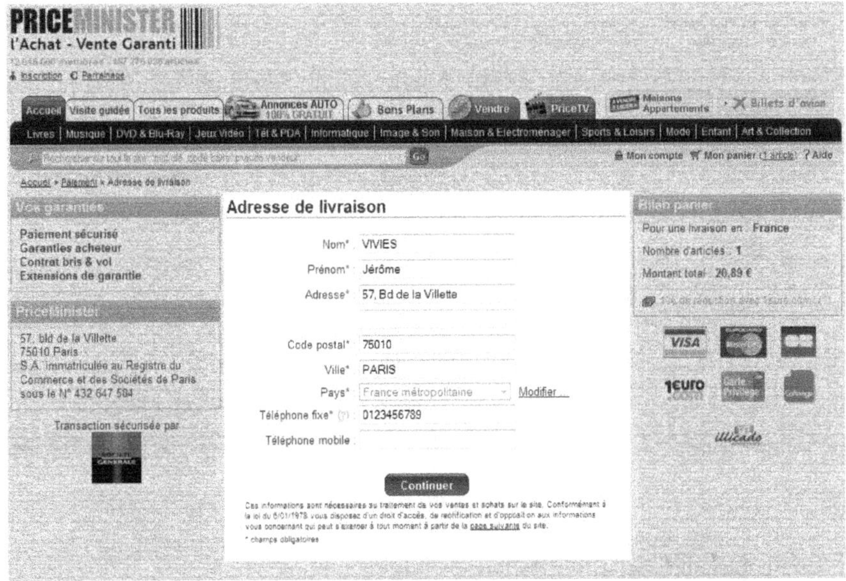


Le formulaire de saisie de l'adresse de livraison

À ce stade vous êtes libre de faire envoyer le colis n'importe où – l'adresse de livraison n'est pas forcément l'adresse du payeur, ce qui est pratique pour faire un cadeau par exemple, ou vous faire livrer sur votre lieu de travail parce que le facteur ne peut pas laisser les colis à votre domicile.

## → Confirmation de commande, coupon et choix des garanties

La page suivante présente un récapitulatif de la commande. Elle permet aussi d'entrer un code donnant droit à une réduction et de choisir des garanties optionnelles.

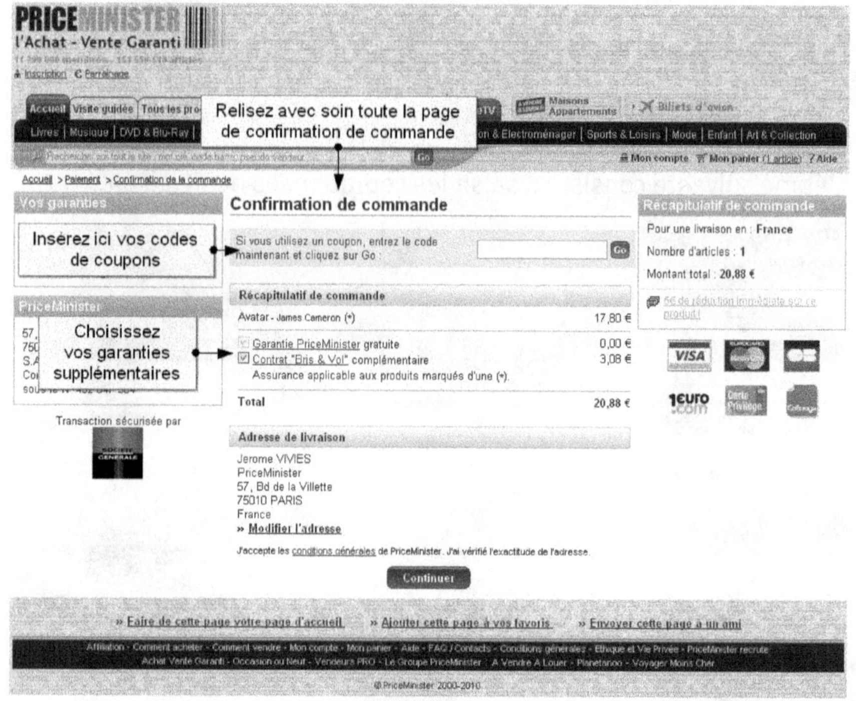


Le récapitulatif de commande

## Récapitulatif de commande

Le récapitulatif de la commande est proposé à droite de la page, et l'adresse de livraison est rappelée en bas de la page. Relisez avec soin toutes les informations de cette page.

## Coupons et bons d'achat

Pour bénéficier d'un bon de réduction (coupon), il faut impérativement en saisir le code dans le cadre « utiliser un coupon » au moment ou vous passez en caisse. Ce cadre est clairement indiqué sur la page où vous indiquez votre adresse de livraison.

Nous vous rappelons que votre carte bancaire est débitée dès que le vendeur a confirmé l'expédition de votre commande. Si vous avez déjà validé la commande, PriceMinister ne pourra donc malheureusement pas revenir sur le montant de cette transaction. Votre bon de réduction restera cependant valable pour votre prochain achat. À l'issue du paiement de votre commande, vous êtes arrivé au bout du processus de passage de commande.

> Cumul des bons
>
> Il est possible d'avoir plusieurs bons de réduction. Vous avez pu, par exemple, parrainer plusieurs amis et obtenir suite à cela plusieurs coupons (pour le parrainage, voir la page 169). Ces bons de réduction ne sont cependant pas cumulables. Vous ne pourrez donc en utiliser qu'un par commande.

### Garanties optionnelles

C'est aussi dans cette page que vous allez cocher les garanties dont vous avez besoin. Concernant les garanties possibles et ce qu'elles couvrent, référez-vous au chapitre sur les garanties (voir la page 159).

**Astuce**

**Garanties optionnelles**

Attention, le contrat « Bris & Vol » est coché par défaut. Faites attention à ne pas le payer par inadvertance si vous n'en aviez pas besoin...

## → Payer votre commande

La page suivante vous demande de choisir un mode de paiement. Vous payez le prix des articles présents dans votre panier auquel s'ajoutent les frais de port et de suivi correspondant, calculés forfaitairement selon une méthode décrite à la page 105.

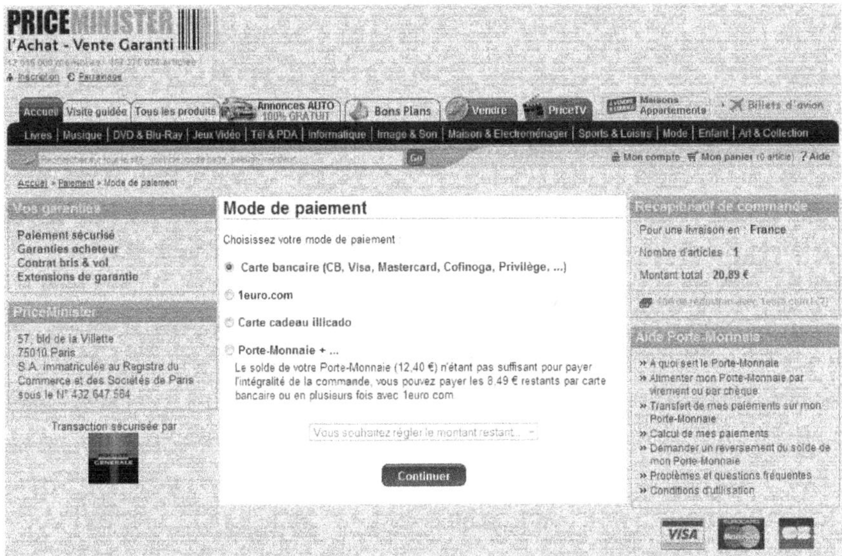


Le choix du mode de paiement

PriceMinister accepte les paiements par carte bancaire, par le porte-monnaie virtuel alimenté par vos ventes, par chèque ou par virement bancaire.

## Paiement par carte bancaire

Le paiement par carte s'effectue avec le système sécurisé Sogenactif de la Société Générale, à la pointe des technologies de sécurité internet. Il est important de noter que le paiement sur Internet *via* Sogenactif offre des conditions de fiabilité et de sécurité supérieures aux moyens « traditionnels » tels que téléphone ou fax.

Lorsque vous validez votre commande, la séquence des opérations est la suivante :

- PriceMinister, *via* Sogenactif, vérifie que la carte bancaire utilisée est valide ;
- les vendeurs sont avertis de votre commande et confirment la disponibilité des articles ;
- PriceMinister débite votre carte et vous envoie un récapitulatif final de votre commande.

Si un des articles de votre commande n'est pas disponible, il est supprimé de votre commande et le nouveau total est recalculé automatiquement. Votre carte est donc uniquement débitée pour les articles dont la disponibilité a été vérifiée.

Votre adresse n'est communiquée au vendeur qu'une fois qu'il s'est engagé à livrer. À aucun moment le vendeur n'a accès aux informations concernant votre carte bancaire.

## Paiement avec le porte-monnaie virtuel PriceMinister

Vous pouvez également régler vos achats en utilisant le porte-monnaie virtuel du site PriceMinister. Son fonctionnement détaillé est expliqué à la page 149.

Pour être utilisable, le porte-monnaie virtuel doit préalablement être alimenté par chèque, par virement, ou en effectuant une vente et en laissant le paiement sur le porte-monnaie virtuel.

Si vous avez remarqué un article qui vous intéresse, il faut que votre porte-monnaie virtuel soit approvisionné pour l'acheter ou le réserver.

## Paiement par chèque ou virement bancaire

Le paiement par chèque et par virement bancaire est accepté uniquement dans le cadre du porte-monnaie virtuel PriceMinister (voir page 149).

### Les autres modes de paiement

Vous pouvez aussi opter pour un paiement en plusieurs fois en utilisant les services de 1euro.com, à partir des liens proposés sur la fiche produit ou lors de la validation de commande.

Enfin, il est possible depuis peu de régler vos achats au moyen des cartes Illicado.

## Délai de livraison Confirmer la réception d'un article

Votre commande doit d'abord être confirmée côté vendeur puis, une fois votre colis reçu, vous devrez noter votre vendeur.

### → La confirmation de commande

Lorsque vous passez votre commande, PriceMinister vérifie auprès du ou des vendeurs la disponibilité des articles. Les vendeurs disposent de 3 jours ouvrables (hors week-end et fériés) pour répondre. Vous recevez ensuite un e-mail de bilan de commande faisant le point sur les articles confirmés et ceux éventuellement annulés (votre carte bancaire est alors débitée du montant correspondant aux articles disponibles).

Les vendeurs s'engagent alors à procéder à l'expédition des articles disponibles dans les 2 jours ouvrables qui suivent leur confirmation.

Suivant la rapidité de réaction du vendeur, le délai s'écoulant entre votre commande et l'expédition peut donc aller de moins d'une heure jusqu'à un maximum de 5 jours ouvrables.

### → Le délai de livraison

Le délai total de livraison dépend donc de la vitesse avec laquelle le vendeur confirme la commande (au maximum 3 jours ouvrables), de sa rapidité à vous l'expédier (au maximum 2 jours ouvrables), mais aussi du délai d'acheminement de La Poste.

En moyenne, le délai de livraison par La Poste est de deux ou trois jours ouvrables mais il est possible, pour de nombreuses raisons, que cela prenne plus de temps.

Pour savoir quand votre commande a été expédiée, vous pouvez, à tout moment, poser la question directement au vendeur dans la rubrique « mes achats » de votre compte après avoir sélectionné la commande concernée.

Afin d'être pratiquement sûr que les articles ne sont pas en cours d'acheminement, PriceMinister alloue trois semaines, à compter de la date de la commande, avant de pouvoir enregistrer et traiter une réclamation pour perte. Donc, si vous n'avez pas reçu votre article 17 jours après votre commande, vous pouvez effectuer une réclamation. Une fois que la réclamation est enregistrée, celle-ci est traitée et résolue dans un délai maximum d'une semaine.

Si au bout de six semaines à partir de la date d'un achat, aucune confirmation ou réclamation n'a été reçue, la transaction est réputée parfaite. Pensez à confirmer la réception de vos articles dans votre compte et à signaler tout problème dans les six semaines qui suivent la date d'achat.

Lorsque vous recevez votre commande, nous vous demandons de confirmer la réception et de donner une note au vendeur.

Témoignage

**Délai d'expédition - pour un jour de trop...**

Aurélie, 22 ans, achète sur PriceMinister depuis un an ; elle ne vend pas.

« Il faut faire attention aux délais d'expédition. Une fois j'ai voulu acheter une carte mémoire pour mon appareil photo. C'était une carte supplémentaire car je partais en week-end à Istanbul. Les prix étaient vraiment bas sur PriceMinister. Je choisis donc un vendeur professionnel qui annonce "expédition sous 24 h" et je commande, c'était le lundi précédant mon départ.

Finalement, le vendeur a mis 2 jours à valider la commande, puis 1 jour à l'expédier, et La Poste a mis 2 jours à l'acheminer... j'ai reçu ma carte le lundi suivant mon super week-end.

Moralité : maintenant je m'y prends plus à l'avance... »

## → Confirmer la réception d'un article - La note

Une fois votre commande arrivée, vous allez devoir finaliser la transaction en notant les vendeurs.

### Pourquoi il est important de confirmer la réception de l'article

La Garantie PriceMinister vous assure de recevoir le produit commandé, tel qu'il est décrit dans l'annonce du vendeur. C'est pourquoi PriceMinister ne paye le vendeur qu'une fois la transaction notée par vous.

Nous vous encourageons par conséquent, après vous être assuré que les articles reçus sont conformes à l'annonce (description, fonctionnement, état, etc.), à rapidement noter vos vendeurs afin de ne pas les faire patienter inutilement.

En n'oubliant pas de confirmer la bonne réception de vos commandes, vous assurez le bon fonctionnement du système et incitez les vendeurs à être toujours plus rapides et sérieux dans la gestion et l'envoi de leurs commandes.

En effet, la note que vous donnez sert à calculer le score du vendeur. Le score est la moyenne arithmétique des notes reçues par le passé. Il permet aux vendeurs fiables et efficaces d'être facilement identifiés par les acheteurs potentiels.

Les notes et commentaires que vous laissez permettent également aux autres utilisateurs du site de distinguer les bons des mauvais vendeurs (nous vous remercions ainsi de respecter les « Règles de notation » établies par PriceMinister).

Attention, si vous n'avez toujours pas reçu un article, ou si vous avez reçu un article abîmé ou différent de celui commandé, nous vous recommandons de ne pas noter immédiatement la transaction. Vous avez ainsi la possibilité de contacter le vendeur pour trouver un arrangement ou d'effectuer une réclamation auprès de PriceMinister.

Si vous n'avez ni noté, ni effectué de réclamation dans un délai de 6 semaines après la date de commande, la transaction sera considérée comme parfaite et le vendeur payé.

## Donner une note au vendeur

### Comment donner une note ?

Pour confirmer la réception des articles commandés sur PriceMinister, rendez-vous dans votre compte, sous la rubrique « Notez vos vendeurs ». Vous avez alors la possibilité de donner votre opinion sur la transaction en écrivant un commentaire (facultatif) et en donnant une note au vendeur :

- 5/5 Très satisfait
- 4/5 Satisfait
- 3/5 Moyennement satisfait
- 2/5 Déçu
- 1/5 Très déçu

Vous devez également noter chaque article d'une même commande, sinon les articles non notés ne seront pas payés.

**Sur quels critères ?**

Vous êtes libre de donner la note que vous estimez. Pour mémoire, les principaux éléments à considérer pour attribuer une note sont :

- la conformité de l'état réel des articles avec la description originale ;
- la rapidité du vendeur à confirmer, puis à expédier ;
- la qualité de l'emballage ;
- le respect des règles générales de vente (présence du bon de livraison, absence de pub).

## Résoudre les éventuels problèmes rencontrés lors d'un achat

Malgré tous les systèmes mis en place, il peut arriver que la transaction liée à vote achat soit perturbée par différents types de problèmes. Les indications suivantes devraient vous aider à vous en sortir dans la plupart des cas.

### → Le panier

Votre session a été interrompue, et les articles que vous vouliez acheter ont disparu ? Un peu comme pour les caddies abandonnés dans un supermarché, les produits perdus sont remis en rayon au bout de 30 minutes environ. Les vôtres devraient donc s'y trouver à nouveau au bout de ce délai.

### → Le paiement

Voici quelques indications à connaître si un incident se produisait lors du paiement.

#### Ma carte ne passe pas

Le numéro de votre carte bancaire doit être rentré sans espace, sans point et sans trait. Vous devez juste indiquer les chiffres. Il faut également saisir le type de la carte et sa date de validité exacte.

Il est possible que ce problème provienne de votre navigateur internet. Nous vous invitons donc à redémarrer votre ordinateur et essayer d'acheter à nouveau l'article que vous souhaitez un peu plus tard.

Vous pouvez aussi vérifier si une version plus récente de votre navigateur n'est pas disponible ou essayer un autre navigateur.

## Ma carte a été débitée alors que je n'ai pas reçu ma commande

PriceMinister intervient à la fois comme intermédiaire financier (puisque le paiement passe par nous) et comme tiers de confiance.

Le rôle de tiers de confiance consiste à garantir aux deux parties le bon déroulement de la transaction. Ainsi l'acheteur peut payer en toute confiance, car il sait que le vendeur ne sera payé par PriceMinister qu'une fois la commande reçue. De même, le vendeur peut envoyer la commande en toute tranquillité car il sait que PriceMinister a déjà récupéré l'argent auprès de l'acheteur.

Pour cette raison, et en accord avec les conditions générales du site, la carte bancaire de l'acheteur a été débitée au moment où le vendeur a accepté la vente.

Si le vendeur n'envoie pas l'article, si l'article envoyé est différent de celui commandé ou en mauvais état, l'acheteur a la possibilité d'effectuer une réclamation. Si cette réclamation est justifiée, PriceMinister ne paye pas le vendeur et rembourse l'acheteur.

## Mon coupon n'est pas accepté ou reconnu

Votre coupon peut ne pas avoir été reconnu pour plusieurs raisons :

- Si c'est un coupon « découverte » destiné aux nouveaux utilisateurs pour effectuer un premier achat, il est possible que vous ayez saisi un mauvais code ou que la date de validité du coupon soit passée.
- Si c'est un coupon offert à un parrain ou à un filleul qui n'est pas reconnu, vérifiez que l'achat est effectué à partir du compte qui a reçu le bon de réduction et que vous avez créé votre compte filleul en spécifiant au départ l'e-mail indiqué par le parrain. Vous ne pourrez bénéficier du bon de réduction pour un parrainage si l'e-mail saisi par le filleul au moment de son inscription est différent de celui donné par le parrain au moment du parrainage.
- Votre commande a également pu être annulée si le système PriceMinister considère le parrain et le filleul comme une même personne, ou s'il considère que l'acheteur ou une personne appartenant au même foyer fiscal que lui a déjà effectué un achat et ne peut donc bénéficier d'un coupon premier achat ou d'un coupon filleul.

## → Avant réception de la commande

Nous allons vous donner quelques conseils concernant les questions qui peuvent se poser avant réception de la commande.

### Je voudrais changer l'adresse de livraison de ma commande

Une fois la commande acceptée par le vendeur, il n'est plus possible de modifier votre adresse de livraison. Si vous avez saisi une mauvaise adresse, vous devrez communiquer votre adresse exacte le plus rapidement possible à PriceMinister en remplissant le formulaire *ad hoc* dans l'aide en ligne. PriceMinister la transmettra alors au vendeur, en espérant qu'il n'aura pas déjà expédié votre commande.

Nous vous recommandons également de contacter vous-même le vendeur afin de lui transmettre cette information. Pour cela, rendez-vous dans la rubrique « Tous mes achats » de votre compte et sélectionnez la commande concernée. Cliquez ensuite sur « Signaler un problème au vendeur ou à PriceMinister ».

Enfin, vous devrez impérativement modifier votre adresse de livraison lors de votre prochaine commande.

### Je voudrais annuler ma commande

Comme cela est indiqué au moment du passage en caisse, une fois la commande validée, le vendeur reçoit immédiatement les instructions d'expédition et il n'est plus possible de faire une annulation.

Si l'article a été acheté à un vendeur professionnel (la mention « Professionnel » apparaît lorsque vous cliquez sur le pseudo du vendeur), vous pouvez demander l'annulation de la vente une fois celle-ci reçue, sous certaines conditions détaillées ci-dessous dans la section rétractation (voir la page 96).

Pour tout autre type de problème (produit abîmé, incomplet, différent, jamais reçu, etc.), la procédure d'enregistrement de la réclamation est identique :

- allez dans la rubrique « Mes achats » ;
- sélectionnez la commande concernée ;
- cliquez sur « Demander de l'aide / Faire une réclamation ».

Le service client de PriceMinister entrera alors rapidement en contact avec vous pour résoudre le problème.

### Ma commande a été annulée par le vendeur

L'annulation d'une commande peut avoir plusieurs causes :

- le vendeur ne retrouve plus l'article en question ;
- le vendeur est une boutique d'occasion qui fonctionne avec des mises à jour quotidiennes et l'article a été vendu en cours de journée ;
- le vendeur s'est absenté plusieurs jours sans avoir mis son compte en vacances et la vente a été annulée au bout de 3 jours ouvrables faute de réponse de sa part.

Cela est frustrant pour les acheteurs et PriceMinister travaille activement auprès de ses vendeurs pour éviter que cela ne se reproduise.

Si votre commande a été annulée en totalité, votre carte n'a pas été débitée.

Dans le cas d'une annulation partielle, le montant débité correspond uniquement aux articles validés.

### Vous n'avez toujours pas reçu votre commande

Si vous n'avez pas reçu votre commande, nous vous invitons à effectuer une réclamation ou à relancer le vendeur.

Pour ce faire, allez dans la rubrique « Mes achats » de votre compte et cliquez sur la commande concernée. Vous aurez alors la possibilité d'effectuer une réclamation ou une relance auprès du vendeur.

## ➔ Après réception de la commande

C'est parfois après la réception de la commande que l'on rencontre quelques difficultés.

### Je n'arrive pas à confirmer la réception d'un article

PriceMinister demande actuellement aux vendeurs de confirmer sous 3 jours ouvrables (hors week-end et jours fériés) l'expédition des articles qui leur ont été commandés. Vous recevrez donc à la fin de ce délai, ou avant si les vendeurs répondent plus rapidement, le bilan de votre commande : ce qui sera envoyé et ce qui aura été annulé par les vendeurs.

Ce n'est qu'une fois cet e-mail reçu que vous aurez la possibilité de confirmer la réception et de noter les vendeurs. Pour cela, allez sous la rubrique « Mes achats » et cliquez sur les achats concernés.

Si vous avez déjà reçu l'e-mail « bilan de commande » et que vous ne pouvez pas noter le vendeur, vous devrez expliquer en détail le problème que vous rencontrez à PriceMinister en remplissant le formulaire disponible dans l'aide en ligne.

## Rétractation

Si l'article a été acheté à un vendeur professionnel (la mention « Professionnel » apparaît lorsque vous cliquez sur le pseudo du vendeur), vous pouvez demander l'annulation de la vente une fois celle-ci reçue, sous certaines conditions :

- la rétractation doit être effectuée dans les 7 jours suivant la réception ;
- l'article doit être retourné complet dans l'emballage d'origine avec tous ses accessoires et documents, dans un conditionnement identique à celui de l'expédition ;
- la rétractation ne peut s'appliquer aux articles reproductibles (CD, DVD, VHS, jeux vidéo, logiciels), à moins qu'ils soient encore dans leur emballage d'origine.

Si ces conditions sont réunies, il faut enregistrer une réclamation auprès du service client de PriceMinister en précisant qu'il s'agit d'une demande de rétractation. PriceMinister bloquera alors temporairement le paiement du vendeur et vous indiquera les modalités pratiques pour le retour de l'article. En tout état de cause, les frais d'envoi occasionnés dans le cadre d'une rétractation sont à la charge de l'acheteur.

## L'article reçu ne correspond pas à ce que vous avez commandé

Sur PriceMinister, les vendeurs mettent leurs articles en ligne et écrivent un commentaire lorsque l'article qu'ils vendent n'est pas exactement le même que celui décrit sur la fiche-produit (par exemple la date de parution d'un livre).

Le commentaire du vendeur est visible à plusieurs endroits : sur l'annonce lorsque vous sélectionnez le produit, dans votre panier avant de passer en caisse, dans l'e-mail intitulé « bilan de votre commande », ainsi que dans la rubrique « Mes achats ».

Si l'article reçu ne correspond pas à la fiche-produit et au commentaire de l'annonce, nous vous invitons à effectuer une réclamation dans la rubrique « Mes achats » de votre compte, après avoir cliqué sur l'achat concerné.

Vous devez indiquer le motif de cette réclamation et nous décrire le problème rencontré le plus précisément possible dans la partie « commentaire ». PriceMinister reviendra alors vers vous pour vous expliquer la procédure de retour.

Si l'article est réellement différent, PriceMinister le retournera au vendeur. Vous serez alors remboursé du prix de votre achat ainsi que des frais d'expédition (sur les bases d'un colissimo recommandé).

**Témoignage**

**Un vendeur qui assure son propre SAV, chapeau !**

Paul, 48 ans, achète sur PriceMinister depuis 4 ans ; il ne vend pas.

« Un jour, j'ai commandé une tondeuse à cheveux sur PriceMinister. Je reçois le paquet, je l'ouvre et, surprise, le bloc d'alimentation ne correspond pas à la tondeuse : la prise d'alimentation de la tondeuse était plus grosse que le connecteur du fil du transformateur.

J'envoie alors un message pour me plaindre au vendeur, *via* l'option de suivi de commande.

La réponse était amusante : le vendeur a confondu les blocs d'alimentation de sa vieille tondeuse et de celle qu'il venait d'acheter. C'est-à-dire que lui-même ne pouvait pas recharger sa tondeuse.

Il m'a alors proposé d'expédier le bon bloc, avec une enveloppe retour pour le sien, et de me renvoyer un chèque pour les frais de port de ce bloc, ce que nous avons fait au final.

Je ne suis pas sûr qu'il ait fait une si bonne affaire mais, au moins, il a été “ réglo “. Quand on n'a pas de tête, il faut avoir des jambes. »

## L'article reçu est en mauvais état

Le vendeur doit indiquer objectivement l'état général de l'article, c'est-à-dire son état d'usure. PriceMinister tient à sa disposition une échelle spécifique à chaque type de produit.

### Comme neuf

- Pour les livres : couverture brillante et intacte, jaquette incluse, le cas échéant, aucune page manquante ni pliée, pas d'annotations, reliure intacte.
- Pour les CD, VHS, DVD et jeux vidéo : toujours dans le boîtier d'origine sans rayures ni usure. Toutes les faces de l'article doivent être impeccables, article complet.

**Très bon état**

- Pour les livres : marques très légères sur la couverture, jaquette incluse le cas échéant, aucune page manquante ni pliée, pas d'annotations du texte, usure minimale.
- Pour les CD, VHS, DVD et jeux vidéo : pas de dégâts apparents sur le boîtier, la pochette et l'article, notice d'utilisation incluse, dents du boîtier CD intactes, pas de « neige » ni de saut de la bande VHS ou des pistes CD et DVD.

**Bon état**

- Pour les livres : des dégâts minimes sur la couverture (quelques marques mais pas de déchirure), jaquette pas nécessairement incluse, aucune page manquante (quelques plis discrets possibles) ni d'annotation, usure minimale de la reliure.
- Pour les CD, VHS, DVD et jeux vidéo : dégâts mineurs sur l'article ou le boîtier (rayures ou annotations), pochette et notice d'instruction incluses, pas de « neige » ni de saut de la bande VHS ou des pistes CD et DVD.

**État correct**

- Pour les livres : quelques dégradations sur la couverture, des annotations mais aucune page manquante, reliure légèrement endommagée.
- Pour les CD, VHS, DVD et jeux vidéo : pochette endommagée, notice d'instruction pas forcément incluse.

Si vous estimez que l'état réel de votre article est vraiment différent de celui estimé par le vendeur. C'est-à-dire, s'il y a une différence d'au moins deux grades (par exemple un article en bon état déclaré comme neuf), vous pouvez effectuer une réclamation sous la rubrique « Mes achats » après avoir cliqué sur l'achat concerné.

Vous devrez indiquer le motif de cette réclamation et décrire le problème rencontré le plus précisément possible dans la partie « commentaire ». PriceMinister reviendra alors vers vous pour vous expliquer la procédure de retour.

Si l'article pose effectivement problème, PriceMinister le retournera au vendeur et/ou adressera une réclamation au transporteur. Vous serez alors remboursé du prix de votre achat ainsi que des frais d'expédition (sur les bases d'un colissimo recommandé).

### Le montant de l'affranchissement est inférieur aux frais de port que vous avez payés

La grille des frais de port est calculée afin de coller au plus près aux différents tarifs de La Poste pour des articles de nature, taille et poids variés.

Elle a été conçue avec les objectifs suivants :

- être simple ;
- ne pas décourager l'acheteur (si trop haute) ;
- ne pas léser le vendeur (si trop basse).

Sur chaque commande, les frais de port forfaitaires payés par les acheteurs seront généralement différents de ceux réellement payés par les vendeurs ; parfois supérieurs, parfois inférieurs, mais l'écart ne devrait jamais être très important. Par ailleurs, pour être complet, il convient de prendre en compte le prix du colis.

Par définition, les frais de port forfaitaires ne sont pas renégociables *a posteriori*. Si, au moment de l'achat, vous estimez qu'ils sont trop élevés, il est préférable de ne pas acheter.

## ➜ Faire jouer une garantie supplémentaire PriceMinister

Deux garanties supplémentaires vous sont proposées lors de votre commande sur PriceMinister :

- le contrat « Bris & Vol » assure l'article concerné contre le bris et le vol jusqu'à 30 jours après la date de réception ;
- l'extension de garantie assure l'article concerné contre un dysfonctionnement (ou « panne ») pendant 6, 12 ou 24 mois (délai défini à l'achat) après la date de réception.

Les articles pour lesquels vous avez souscrit une garantie supplémentaire sont indiqués dans le détail de votre commande, accessible depuis la rubrique « Tous mes achats » de votre compte. Un article faisant l'objet d'un contrat « Bris & Vol » y sera marqué d'une étoile. Une éventuelle « Extension de garantie » sera également mentionnée.

Si tel est le cas, vous pouvez « déclarer un sinistre », toujours depuis le détail de votre commande. Cliquez alors sur « Signaler un problème au vendeur ou à PriceMinister », puis sur « Déclarer un sinistre grâce à ma garantie supplémentaire ».

Une fois votre demande enregistrée, le service clients de PriceMinister traitera celle-ci dans les plus brefs délais.

## GARANTIES ACHETEUR

L'infrastructure technique de PriceMinister a été réalisée dans les règles de l'art pour assurer la sécurité maximale des informations. PriceMinister ne conserve notamment pas les numéros de carte bancaire utilisés lors des transactions.

En tant qu'acheteur, vous bénéficiez sur PriceMinister de garanties et de protections inégalées sur le marché des transactions entre particuliers.

Le principe de fonctionnement de PriceMinister rend, de toute façon, toute fraude pratiquement impossible. En effet, le vendeur n'est payé que lorsque vous avez reçu votre commande. De plus, vous lui donnez une note dont dépendent ses futures chances de vendre facilement. La majorité des problèmes souvent associés aux transactions entre particuliers sont ainsi évités de façon naturelle.

Si, malgré tout, vous rencontrez des problèmes au cours de vos achats, PriceMinister s'engage à vous assister avec bienveillance et célérité pour les résoudre à votre satisfaction.

### → Problèmes sur la nature ou la qualité des articles

Si l'article que vous recevez est différent de celui que vous avez commandé, s'il s'agit d'une copie illicite ou si son niveau de qualité est différent de ce qui avait été annoncé, vous pouvez bénéficier du remboursement intégral de votre achat. Pour cela vous devez, dans les six semaines qui suivent la date d'achat, porter réclamation directement sur le site. Vous recevrez alors toutes les instructions pour expédier l'article à PriceMinister et vous faire rembourser.

PriceMinister dispose également depuis 2006 d'une cellule dédiée et destinée à vous protéger contre la contrefaçon.

### → Perte

Si 17 jours après avoir passé commande, vous n'avez toujours pas reçu vos articles, vous pouvez alors enregistrer une réclamation directement sur le site. PriceMinister entrera en contact avec le vendeur pour tenter de résoudre le problème. S'il n'est pas possible de trouver dans un délai très court une solution satisfaisante à la livraison de vos articles, vous serez remboursé.

## ➜ Remboursements

Les remboursements sont directement effectués sur le « porte-monnaie virtuel » PriceMinister. Une fois un remboursement crédité, vous pouvez passer commande auprès d'un autre vendeur.

Si vous ne souhaitez pas effectuer d'autre commande, vous pourrez à tout moment demander que le solde de votre porte-monnaie virtuel vous soit envoyé par chèque ou crédité par virement directement sur votre compte bancaire.

La garantie acheteur est offerte à titre purement commercial et reste à la discrétion de PriceMinister.

# 4 Vendre

Vendre ses propres objets, ce n'est pas naturel pour la plupart d'entre nous. Pourtant, certains aiment bien, que cela agisse comme la madeleine de Proust, faisant ressurgir de notre enfance les après-midi passés à jouer à la marchande, ou que l'on recherche la montée d'adrénaline provoquée par la réception de l'e-mail qui annonce une vente, les raisons peuvent être nombreuses. Dans tous les cas, voici nos conseils, des plus simples aux plus pointus, pour que vous fassiez les meilleures ventes possibles.

Témoignage

**Une belle plus-value**

Elsa, 28 ans, achète sur PriceMinister depuis 6 ans, et vend depuis 4 ans.

« Il y a plein de Français qui aiment faire les brocantes. Moi, j'aime y aller le week-end quand il fait beau, avec les enfants. Parfois j'y vois des objets qui sont vendus vraiment pas cher alors que je sais que je peux les revendre beaucoup plus cher sur Internet. Comment je fais pour savoir cela ? Pas la peine d'être spécialiste dans un type d'objet particulier : si je pressens une bonne affaire, je sors mon smartphone et je vérifie les prix sur le net ! Si c'est intéressant, je n'hésite pas : j'achète et, le soir même, je fais quelques fiches-produit sur PriceMinister.

Ma plus belle réussite : j'ai repéré un Digital Pen de Logitech dans un vide-grenier. C'est un stylo électronique qui permet de passer sur ordinateur ce qu'on écrit à la main. Je l'ai acheté 15 €, et l'ai revendu 80 € sur PriceMinister ! »

# GRATUIT... OU PRESQUE LE BUSINESS MODEL

Qu'est-ce qui nous pousse à vendre sur PriceMinister ?

La plupart des vendeurs veulent retirer un maximum de profit de leurs ventes, et une minorité souhaite seulement se débarrasser de quelques objets « juste pour ne pas les jeter », mais sans chercher à gagner beaucoup d'argent.

Dans le premier cas vous allez chercher à optimiser vos gains ; dans le second, vous voudrez, au pire, ne pas perdre d'argent.

Nous allons donc maintenant décortiquer le modèle économique de la vente afin de vous permettre de bien comprendre quoi attendre de votre future vente et éviter d'éventuelles déconvenues.

## → Combien vais-je gagner ? L'équation de base

La formule du site PriceMinister est simple :

**Prix de votre annonce**
**+ remboursement forfaitaire des frais de port**
**– prix réel d'expédition**
**– commission PriceMinister**
**Votre gain**

PriceMinister va vous reverser le prix de l'article que vous avez fixé et que lui a payé l'acheteur. Sur ce prix, PriceMinister va prélever une commission correspondant à la rémunération du service d'achat-vente garanti. Et vous percevez également une somme forfaitaire destinée à couvrir vos frais d'envoi.
Les calculs sont faits automatiquement par le site selon cette règle.

## → Le dépôt d'annonce est gratuit et illimité

Un bref rappel : la mise en vente est totalement gratuite et illimitée.

Il faut tout de même savoir que vous devrez créer un compte pour pouvoir effectuer votre mise en vente. De plus, les annonces ne sont pas complètement éternelles. En effet, vous recevrez des rappels, à différentes échéances et fréquences, qui varient selon les produits mis en vente, et qui cibleront vos produits qui tardent à se vendre. Les messages vous inciteront à améliorer vos annonces ou à baisser vos prix. Au bout d'un moment, si aucune vente n'est effectuée, ces annonces passeront dans un état « périmé ».

## → La commission

Voici le mode de calcul de la commission PriceMinister pour les vendeurs particuliers tel qu'il est indiqué dans les pages d'aide du site au moment de l'impression de ce livre.

La commission comprend une partie variable calculée par tranches :

- 1 % TTC du prix sur la tranche au-delà de 500 € ;
- 5 % TTC du prix sur la tranche entre 300 et 500 € ;
- 10 % TTC du prix sur la tranche entre 100 et 300 € ;
- 15 % TTC du prix sur la tranche en deçà de 100 €.

Et une partie fixe qui dépend également du prix de vente :

- 0,40 € TTC si le prix est inférieur à 5 € ;
- 0,90 € TTC si le prix est compris entre 5 et 10 € ;
- 1,35 € TTC si le prix est compris entre 10 et 15 € ;
- 1,90 € TTC si le prix est supérieur à 15 €.

Remarque : comme PriceMinister cherche à garantir un revenu minimum aux vendeurs dans toutes les configurations, le prix de vente des articles ne peut pas être inférieur à 0,90 €.

## → Les frais de port

Les vendeurs négligent souvent d'étudier les frais d'envoi de l'objet vendu et peuvent y perdre une partie de leur gain. Il est essentiel de bien comprendre tout ce qui se passe autour des frais de port, c'est pourquoi nous allons y consacrer plusieurs pages.

### Généralités

Il existe deux grands systèmes de frais de port sur les sites de commerce électronique :

- les frais de port déterminés par avance par le site et imposés à tous les vendeurs ;
- les frais de port librement fixés par les vendeurs.

Chaque système a ses avantages et inconvénients.

| | Avantages | Inconvénients |
|---|---|---|
| **Frais de port fixes** | • Les vendeurs ne peuvent pas exagérer sur les frais de port, ni dans un sens, ni dans l'autre.<br>• Comparaison de produits plus facile.<br>• Mise en vente plus facile. | Ils ne correspondent pas toujours à la réalité : la fiche-produit est mal renseignée, changement de tarif postal non pris en compte, etc. |
| **Frais de port libres** | Ils collent exactement à la réalité (sauf si un vendeur exagère). | Les autres vendeurs font du dumping sur les frais de port ou un vendeur en situation de monopole exagère sur ses frais de port. |

Tableau comparatif des différents modèles de frais de port

Sur PriceMinister, on se trouve dans le premier cas.

Dans le système d'achat-vente garanti de PriceMinister, l'acheteur paie des frais de port au moment de la commande et PriceMinister reverse au vendeur une somme forfaitaire destinée à participer aux frais d'expédition de l'article. Cette somme varie en fonction du type de produit vendu et du mode d'expédition défini pour la transaction.

Vous verrez avec un peu de pratique que si ce système est assez transparent côté acheteur, il amène à se poser un certain nombre de questions côté vendeur, du fait des avantages et inconvénients expliqués plus haut. Nous allons donc nous attacher à répondre à la plupart de ces questions dans les paragraphes qui suivent.

Ce qu'il faut bien comprendre, c'est qu'il est très difficile de mettre en place un système de frais de port parfait.

Astuce

**Les frais de port sont affichés sur le site**

Le montant de la participation aux frais de port pour chaque article est clairement précisé lors de la mise en vente du produit, ainsi que dans votre inventaire.

## Les grilles de frais de port

PriceMinister a tout d'abord établi une grille de produits qui correspond autant que possible aux tarifs appliqués par La Poste pour des articles de même nature, taille et poids. Les articles sont ainsi répartis en grandes catégories classées par lettres.

| CATÉGORIE | TYPE DE PRODUIT |
|---|---|
| A | **Culturel** : cartes de jeu |
| B | **Culturel** : CD<br>**Accessoires jeux** : cartes mémoire |
| C | **Culturel** : DVD, jeux vidéo, petits livres, vinyles 45T…<br>**Informatique** : petits composants (mémoires vives, mémoires flash, …), souris, connectique<br>**Accessoires jeux** : adaptateurs manette, puces, câbles…<br>**Mode :** vêtements enfant, vêtements adulte T1 (t-shirts, ensembles, sous-vêtements…) |
| D | **Culturel** : livres moyens, VHS<br>**Mode :** vêtements adulte T2 (pantalons) |
| E | **Culturel** : logiciels, CD-Rom, vinyles 33T et maxi 45T<br>**Téléphonie** : mobiles, PDA, GPS, calculatrices<br>**Informatique** : composants moyens (cartes mères, cartes graphiques, processeurs…), périphériques (claviers, haut-parleurs, modems…), accessoires de stockage, supports vierges<br>**Image et Son** : audio portable, autoradios, accessoires, flashs, casques et micros<br>**Accessoires jeux** : manettes, télécommandes, écrans, joysticks<br>**Mode :** chaussures, accessoires |
| F | **Culture** : gros livres<br>**Image et Son** : appareils photo, caméscopes, objectifs<br>**Mode :** vêtements adulte T3 (manteaux, robes de mariée…), sacs, bagagerie |
| G | **Culturel** : consoles<br>**Informatique** : ordinateurs portables, écrans LCD, boîtiers, imprimantes, scanners<br>**Image et Son** : lecteurs et graveurs CD/DVD, chaînes hifi, platines, magnétoscopes, sono auto, tuners<br>**Accessoires jeux** : volants |
| H | **Informatique** : imprimantes multi-fonctions<br>**Image et Son** : ensembles home-cinéma |
| I | **Informatique** : écrans CRT, ordinateurs de bureau<br>**Image et Son** : amplificateurs, TV petit format (LCD jusqu'à 40"), projecteurs, enceintes |
| J | **Maison :** gros électroménager (lave-linge, lave-vaisselle, cuisinière…) |
| K | **Image et Son** : TV grand format (LCD 46" et +) |
| L | **Sports & Loisirs** : deux-roues, quads, karts…<br>**Maison :** commodes, armoires, jeux de café… |

Tableau des tailles de frais de port

Ensuite, pour chaque catégorie de produit, PriceMinister a fixé des participations aux frais de port en fonction du mode d'expédition choisi par l'acheteur. Les modes d'expédition sont détaillés page 74. Il existe un tableau pour les envois vers la France, et un tableau pour les envois vers un pays ou une région éloignée. Voici ces tableaux tels que proposés dans l'aide en ligne du site au moment où ce livre a été imprimé.

| ENVOI LOCAL | | | | | | |
|---|---|---|---|---|---|---|
| CAT. | 1er article | Suivi | Recommandé / So Colissimo | | | Article suivant* |
| | | | – de 40 €* | 40 à 150 €* | 150 € et +* | |
| A | 0,60 | 1,90 | 3,40 | 4,00 | 4,90 | + 0,10 |
| B | 1,80 | 3,10 | 4,60 | 5,20 | 6,10 | + 0,65 |
| C | 2,20 | 4,10 | 5,00 | 5,60 | 6,50 | + 0,65 |
| D | 3,30 | 5,10 | 6,10 | 6,70 | 7,60 | + 0,65 |
| E | 4,00 | 5,50 | 6,80 | 7,40 | 8,30 | + 0,65 |
| F | 5,40 | 7,50 | 8,20 | 8,80 | 9,70 | + 0,65 |
| G | 8,00 | 10,50 | 10,80 | 11,40 | 12,30 | + 8,00 |
| H | 12,00 | 15,00 | 16,00 | 17,00 | 18,00 | + 12,00 |
| I | 17,50 | 20,50 | 21,50 | 22,50 | 23,50 | + 17,50 |
| J | 30,00 | 33,00 | 34,00 | 35,00 | 36,00 | + 30,00 |
| K | 31,00 | 34,00 | 35,00 | 36,00 | 37,00 | + 31,00 |
| L | 50,00 | 53,00 | 54,00 | 55,00 | 56,00 | + 50,00 |

Tableau des tarifs de frais de port – vendeur

Pour les expéditions de commandes vers l'étranger (et également à destination d'un DOM), les frais de port que reverse PriceMinister au vendeur seront plus élevés que pour un envoi local.

Vous trouverez ici un récapitulatif des participations aux frais de port (en euros) appliquées pour les principales catégories ainsi que les types de produit correspondants.

| CAT. | EUROPE/DOM | | | USA/CANADA | | |
|---|---|---|---|---|---|---|
| | 1er article | Reco. | Article suppl. | 1er article | Reco. | Article suppl. |
| A | 1,60 | 6,60 | +0,10 | 1,70 | 5,70 | +0,30 |
| B | 2,70 | 7,70 | +1,15 | 2,70 | 7,70 | +2,15 |
| C | 5,20 | 10,20 | +1,15 | 5,50 | 10,50 | +2,15 |
| D | 8,30 | 13,30 | +1,15 | 8,30 | 13,30 | +2,15 |

.../...

.../...

| CAT. | EUROPE/DOM | | | USA/CANADA | | |
|---|---|---|---|---|---|---|
| | 1er article | Reco. | Article suppl. | 1er article | Reco. | Article suppl. |
| E | 9,00 | 14,00 | +1,15 | 10,50 | 15,50 | +2,15 |
| F | 12,40 | 17,40 | +1,15 | 16,40 | 21,40 | +2,15 |
| G | 18,00 | 23,00 | +18,00 | NA | | |
| H | 24,00 | 29,00 | +24,00 | NA | | |
| I | 29,50 | 34,50 | +29,50 | NA | | |
| J | NA | | | NA | | |
| K | 46,00 | 51,00 | +46,00 | NA | | |
| L | NA | | | NA | | |

Tableau des tarifs de frais de port – vendeur – pays éloigné

La colonne « Article suppl. » correspond à ce qui vous sera reversé si l'acheteur met plusieurs de vos produits d'un même type dans son panier. Ainsi, si un acheteur commande plusieurs articles de catégorie A à F à un même vendeur, les frais de port seront calculés de manière dégressive. Le calcul appliqué est le suivant :

Frais de port pour le plus gros article + 0,65 € par article supplémentaire vendu.

Ce calcul ne s'applique pas aux catégories de produit G à K.

Quelques exemples précis :

- Un acheteur commande en « Suivi » un petit livre et un CD. Montant de la participation : 2,20 € + 0,65 € + 1,30 € = 4,50 €
- Un acheteur commande en « Recommandé » une TV LCD 46" et un lecteur DVD. Montant de la participation : 37 € + 8 € = 45 €

Remarques importantes :

- un supplément sera ajouté au montant total pour toute commande en suivi ou recommandé. Le montant du recommandé varie en fonction de la valeur totale de la commande de l'acheteur.
- pour toute commande supérieure à 40 €, seuls les modes « Recommandé » et/ou « Chronopost » pourront être proposés à l'acheteur, ceci afin d'assurer au vendeur une indemnisation adéquate en cas de perte du colis durant son acheminement.
- les modes « So Colissimo » et « Chronopost » sont prépayés par PriceMinister et totalement gratuits pour le vendeur. Pour ces modes, aucune participation aux frais de port ne sera donc versée au vendeur.

Attention : Il est impératif de respecter le mode d'expédition demandé, pensez à votre future note.

Ces tableaux ne sont pas exhaustifs et ont pu varier depuis l'impression de ce livre. Ils figurent dans l'aide du site et vous devrez les consulter régulièrement en ligne : http://www.priceminister.com/help/hs#hs_shipping.

Astuce

**Renseignez-vous sur les produits de La Poste**

En parallèle, l'idéal est de bien consulter les sites de La Poste, Colissimo, etc. pour consulter les tarifs afin de vous faire une idée lors de vos premières mises en vente. Vous pourrez avoir des surprises, par exemple :

– pour les petits objets sans valeur, intéressez-vous à la «Lettre Max», souvent moins chère qu'un envoi Colissimo ;

– n'hésitez pas à mettre en vente des objets très lourds. Un Colissimo de 30 kg ne coûte que 23 € !

## Les questions qui fâchent

À force d'utiliser le site, vous allez repérer plusieurs points de friction concernant les frais de port. Autant les connaître dès le départ.

### Le remboursement forfaitaire est inférieur aux frais réels

Comme l'indique l'aide du site, les grilles de frais de port sont calculées afin de coller au plus près aux différents tarifs de La Poste pour des articles de nature, taille et poids variés. Elles ont été conçues avec les objectifs suivants :

- être simples ;
- ne pas décourager l'acheteur (si montants trop élevés) ;
- ne pas léser le vendeur (si montants trop bas).

Les frais d'expédition réels seront souvent différents de ceux reversés par PriceMinister, parfois supérieurs, parfois inférieurs. Il vous appartient d'ajuster votre prix de vente si vous l'estimez nécessaire pour tenir compte de ces variations.

Ce qui est sûr, c'est que les montants ne sont jamais modifiés *a posteriori*. En effet, la carte de l'acheteur est débitée au moment de la commande. Vous devez donc absolument vous renseigner à l'avance sur le coût d'expédition de vos articles.

Astuce

**Ajustez vos prix en fonction des frais de port**

Lors d'une mise en vente, prenez toujours le temps de bien estimer les frais de port. S'ils sont trop bas, vous en serez de votre poche. Trop élevés, vous risquez une mauvaise évaluation.

Si vous faites des ventes régulièrement, mettez à contribution les balances de la maison (pèse-lettre, balance de cuisine, pèse-personne, etc.) afin de connaître le poids de vos articles.

Si vous l'estimez nécessaire, vous pouvez ajuster le prix de vente de votre article afin de prendre en compte une éventuelle différence de montant (la participation aux frais de port ne pouvant être modifiée *a posteriori*).

### Attention aux coffrets et articles volumineux

PriceMinister n'a pas en sa possession les articles pour en juger, et il faut savoir que de nombreuses informations manquent dans ses bases de données (notamment les poids et dimensions). Par exemple, certains DVD ou VHS ont des boîtiers métalliques ou des packaging spéciaux ; pour les livres, la diversité est encore plus grande.

Or, dans tous les cas, PriceMinister s'oblige à s'en tenir à une règle simple et sans équivoque : toutes les fiches-produit présentes sur le site comptent pour un article, quelle que soit la nature de l'article en question (un CD, un double CD, un coffret de 12 CD...). À partir du moment où cela est référencé sur le site sous un code-barre unique, cela sera dans tous les cas considéré comme un seul article, et les frais de port seront calculés comme tel.

Il peut donc y avoir une forte différence entre ce que PriceMinister compte vous reverser pour les frais de port et ce que vous allez réellement payer.

Comme il sera impossible à PriceMinister de renégocier les frais de port *a posteriori* au cas par cas, il est très important, au moment de la mise en vente, d'apprécier si les montants reversés sont satisfaisants compte tenu de l'article, pour éventuellement ajuster le prix de vente en conséquence.

### Écart entre le montant payé par l'acheteur et celui reversé au vendeur

Si vous observez bien le fonctionnement du site, vous verrez qu'il existe une différence entre le montant payé par l'acheteur au titre des frais de port et celui reversé au vendeur pour chaque vente.

En effet, une partie du montant payé par l'acheteur au titre des frais de port est prélevée par PriceMinister pour ses frais de gestion, notamment afin d'assurer à ses membres une garantie en cas de perte de l'article.

C'est la garantie de bonne réception de PriceMinister : si l'article vient à se perdre pendant son acheminement, PriceMinister procède au remboursement de l'acheteur et le vendeur est payé de sa vente, dès lors que ce dernier a confirmé l'avoir bien expédiée.

Cette garantie reste bien entendu à la discrétion de PriceMinister et tout abus constaté pourra entraîner une demande d'enquête postale ou la suspension de ladite garantie.

## → Combien vais-je gagner ? Les exemples

Suite à tout ce qui a été expliqué, nous pouvons reprendre la formule énoncée et proposer des exemples :

**Prix de votre annonce**
**+ remboursement forfaitaire des frais de port**
**– prix réel d'expédition**
**– commission PriceMinister**
**Votre gain**

Exemple du calcul du montant payé au vendeur pour un DVD vendu 8,00 € :

- Prix de l'annonce du DVD : 8,00 €
- Commission : 0,90 + 15 % × 8,00 = 2,10 € TTC
- Remboursement des frais de port par PriceMinister : 2,20 €
- Total payé par PriceMinister : 8,10 €
- Frais d'envoi par La Poste : 2 €
- Gain total : 6,10 €

Exemple du calcul du montant payé au vendeur pour un vidéo-projecteur vendu 1 100 € :

- Prix de l'annonce du projecteur : 1 100,00 €
- Commission : 1,90 + 1 % × (1 100 – 500) + 5 % × (500–300) +10 % × (300 – 100) + 15 % × 100 = 52,90 € TTC
- Remboursement des frais de port par PriceMinister : 21,50 €
- Total payé par PriceMinister : 1 068,60 €
- Frais d'envoi par La Poste : 25 €
- Gain total : 1 043,60 €

## → Faut-il déclarer ses ventes ?

En tant que particulier vous êtes parfaitement libre de revendre les produits culturels, high-tech, mobilier, automobile... dont vous n'avez plus l'usage. Vous n'avez *a priori* pas à déclarer le montant de vos ventes personnelles.

Pour tout ce qui relève de la vente professionnelle, vous pouvez consulter le chapitre qui y est consacré plus loin (voir la page 141).

## Comment mettre en vente ?

Une mise en vente soignée est un élément clé de la réussite de vos ventes.

### ➜ Ouvrir sa boutique

Pour que vos annonces soient visibles par de potentiels acheteurs, vous devez « ouvrir votre Boutique » sur PriceMinister.

#### La procédure d'ouverture

Suite à votre première mise en vente, vous recevrez un e-mail vous invitant à valider votre adresse de messagerie et à saisir vos « Préférences vendeur » (modes d'expédition, adresse, etc.). Ces informations sont indispensables à la bonne gestion de vos ventes (et resteront modifiables par la suite).

Ce n'est qu'une fois l'ensemble de ces informations enregistrées que votre boutique sera ouverte et que les autres internautes pourront voir vos offres.

#### Le choix des modes d'expédition

Vous pouvez définir les modes d'expédition que vous acceptez d'utiliser à partir de la rubrique « Mes préférences vendeur » de votre compte. Avant de faire votre choix, n'hésitez pas à lire la section p. 105 concernant les frais de port.

À noter :

- les modes d'expédition que vous choisissez sont appliqués à l'ensemble de vos annonces ;
- comme expliqué plus haut, pour toute commande supérieure à 40 €, seuls les modes « Recommandé » et/ou « Chronopost » seront proposés à l'acheteur (pour des raisons de garantie de livraison).

Il s'agit ici de solutions « types ». Ces différents modes d'expédition peuvent correspondre à plusieurs types d'envois à votre poste ou chez votre transporteur, notamment en fonction de la taille et de la valeur des produits que vous souhaitez envoyer.

Vous avez donc la possibilité, sur PriceMinister, de proposer à vos acheteurs quatre modes d'expédition différents : normal, suivi, recommandé et Chronopost.

### Normal

Il s'agit d'un envoi au format lettre, qui permet normalement l'envoi d'articles pesant jusqu'à 3 kg. Il ne propose ni suivi, ni assurance et il vous appartient d'affranchir correctement votre envoi, afin d'éviter toute surtaxe ou retour de courrier.

### Suivi

Il existe plusieurs solutions pour l'envoi en suivi. Ce mode offre un suivi sur Internet du colis, mais ce dernier n'est pas remis contre signature et vous n'aurez pas forcément d'assurance en cas de perte.

Selon la nature du produit, il vous faudra privilégier un envoi en Distingo Suivi (articles de petite taille), en Lettre Max (différentes tailles d'emballages adaptés aux CD, DVD, livres...) ou en Colissimo Suivi (jusqu'à 30 kg avec assurance optionnelle). Pour les articles de plus de 30 kg, nous vous invitons à vous tourner vers un transporteur spécialisé (UPS, DHL, etc.).

### Recommandé

Le recommandé est obligatoirement remis contre signature et propose une indemnisation en cas de perte ou endommagement, en fonction du taux d'assurance souscrit.

Il peut s'agit d'une lettre recommandée, vous permettant d'envoyer vos articles de moyenne et petite taille, d'un Colissimo recommandé avec ou sans emballage fourni, ou d'un envoi par transporteur privé incluant éventuellement une assurance à valeur réelle du produit.

### So Colissimo

Le mode « So Colissimo » vous permet d'envoyer facilement et gratuitement vos ventes : il vous suffit d'imprimer le bordereau prépayé et fourni par PriceMinister et de l'apposer sur le colis, puis de déposer le tout à votre bureau de poste. Vous et votre acheteur pourrez suivre l'acheminement du colis directement depuis PriceMinister.

Ce mode laisse également à vos acheteurs le choix entre une livraison à domicile ou dans un « point de retrait » (bureau de poste, points Cityssimo, commerçants...).

### Chronopost

Gratuit pour le vendeur, ce mode d'expédition négocié par PriceMinister est très avantageux car il vous permet d'expédier facilement et gratuitement vos articles, en imprimant simplement le bordereau prépayé et en le collant sur votre colis avant de déposer ce dernier à votre bureau de Poste. Il est valable 7 jours, pour tout colis jusqu'à 30 kg et la livraison est effectuée en 24 h.

Attention toutefois, si vous ne proposez que ce mode d'expédition, les frais de port pourront apparaître trop élevés pour vos acheteurs sur les plus petits articles, qu'il est toujours recommandé d'expédier en mode normal.

### Concernant les articles encombrants

Nous vous rappelons que La Poste ne prend pas en charge les articles d'un poids supérieur à 30 kg. Si vous êtes dans ce cas, il vous faudra privilégier un envoi par transporteur privé.

Vous pouvez également, si l'expédition de l'article est impossible ou problématique, choisir de ne proposer que le retrait pour votre article.

**Astuce**

**Si votre bureau de poste vous refuse un envoi au format lettre**

Votre bureau de poste peut parfois se montrer réticent à accepter autre chose que des documents pour un envoi au format lettre. Néanmoins, une décision de l'ARCEP (Autorité de régulation des communications électroniques et des postes) a récemment rappelé que La Poste ne pouvait contraindre les usagers à recourir à des produits spécifiques pour l'envoi de marchandises.

C'est la lettre n°57 de l'ARCEP (page 11) qui évoque le problème des envois refusés au tarif lettre mais sa réponse reste sujette à interprétation :

« Concrètement, si le client estime que la prestation lettre satisfait ses besoins, tout en respectant les conditions de format, de poids et de tarif, ainsi que les obligations en matière de conditionnement, La Poste ne peut lui interdire d'expédier son envoi au tarif lettre.

Toutefois, si La Poste estime qu'un envoi est susceptible de perturber le fonctionnement du service et que cela influe sur les coûts, elle doit pouvoir fournir des explications et les porter à la connaissance des clients. »

Il ne faut donc pas hésiter à discuter pied à pied avec votre bureau de poste, voire essayer plusieurs bureaux, et expédier votre envoi depuis celui qui aura une interprétation plus libérale du texte.

## → La mise en vente rapide

La mise en vente rapide consiste à publier votre annonce sur une fiche-produit déjà existante. Ainsi, vous ne devrez indiquer que le prix et l'état de votre article. En effet, PriceMinister garde dans ses bases de données tous les articles qui ont été créés un jour, et toutes ces fiches-produit peuvent être réutilisées pour faire des mise en vente rapide. Le but du jeu est donc de retrouver sur le site le produit qui vous intéresse – voir la page 47 pour la recherche si vous ne savez pas comment procéder.

La seule exception concerne des produits pour lesquels PriceMinister préférera que vous proposiez votre propre fiche-produit (principalement dans l'univers « Mode »). Dans ce cas, vous serez automatiquement redirigé vers l'option de création de fiche-produit.

Attention : les anciennes fiches-produit qui ne sont plus porteuses d'annonce n'apparaissent pas par défaut dans les navigations et dans les résultats de recherche. En effet, elles n'intéressent que les vendeurs et pas les acheteurs, et PriceMinister a choisi de privilégier la lisibilité de l'offre pour l'achat.

Pour faire apparaître toutes les fiches-produit, vous devez sélectionner dans le menu déroulant situé en haut à droite du cartouche de navigation l'option « tout le catalogue ». Sur la page de résultat de recherche ou sur la page de navigation, vous trouverez le lien rouge « vendez le vôtre » sur la droite de la liste de produit ; sur une fiche-produit, vous trouverez un bouton rouge « vendez le vôtre » en haut à droite de la fiche. Il ne vous reste alors plus qu'à remplir le petit formulaire.

Attention : si nous devons donner un conseil à cette étape, c'est d'éviter de vous greffer sur une fiche-produit si votre article ne correspond pas exactement en tout point à celle-ci. On voit souvent des commentaires annonces du type « c'est le même mais en vert », ou « c'est le même mais avec 3 Go de mémoire ». Vous devez rester méfiant car de nombreux acheteurs ne lisent pas les commentaires annonces et font des réclamations ou des retours au moment où ils reçoivent l'article. La meilleure façon de se prémunir contre cela reste de ne pas se positionner sur une fiche qui ne correspond pas à votre article, et de créer une nouvelle fiche-produit.

Concernant le commentaire d'annonce, voir la page 129. L'ensemble de la procédure de mise en vente rapide est illustré dans le démarrage rapide.

## → Créer une fiche-produit

Si vous ne parvenez pas à retrouver la fiche-produit correspondant à votre article, ou s'il correspond à une catégorie pour laquelle le lien « vendez le vôtre » est désactivé, vous devrez créer vous-même la fiche-produit sur laquelle publier votre annonce.

La voie la plus simple pour accéder au formulaire est d'utiliser l'onglet « vendre » situé en haut à droite de la barre de navigation du site.

Arrivé sur la page d'accueil de la vente, choisissez le domaine qui vous intéresse.

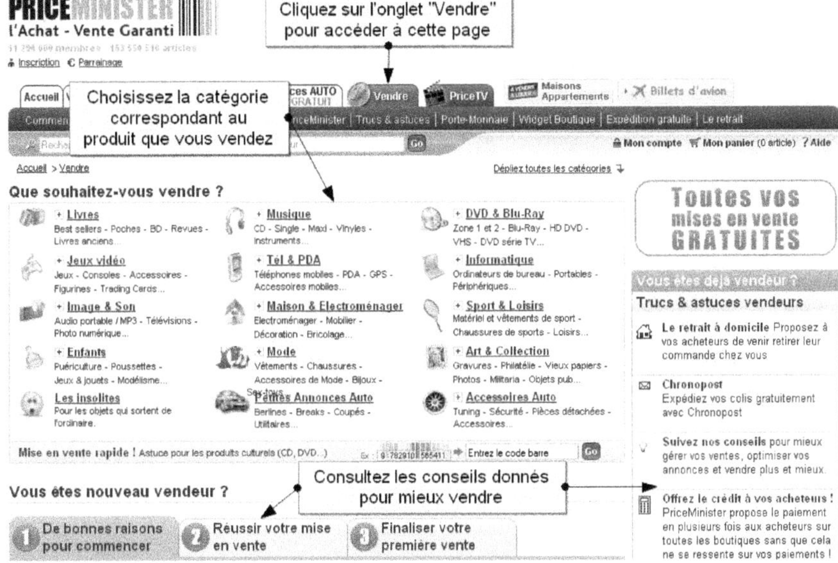


La page d'accueil dédiée à la vente

Une fois parvenu à la page d'accueil vente de la catégorie, cherchez votre type de produit dans le menu déroulant situé en bas de page.

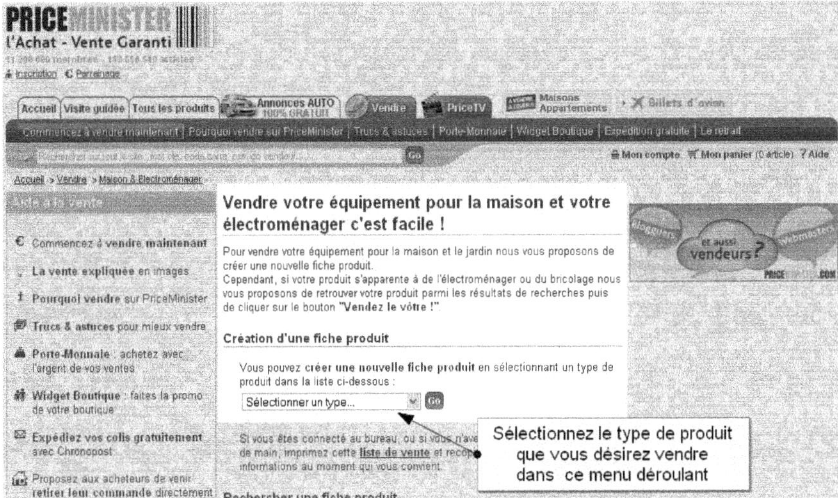


Exemple de page d'accueil vente de catégorie

Un formulaire va alors apparaître. Complétez-le afin de créer la fiche-produit. Laissez-vous guider par les champs – essayez d'en remplir le plus possible afin de donner un maximum d'informations à l'acheteur.

Concernant le commentaire d'annonce, voir la page 129.

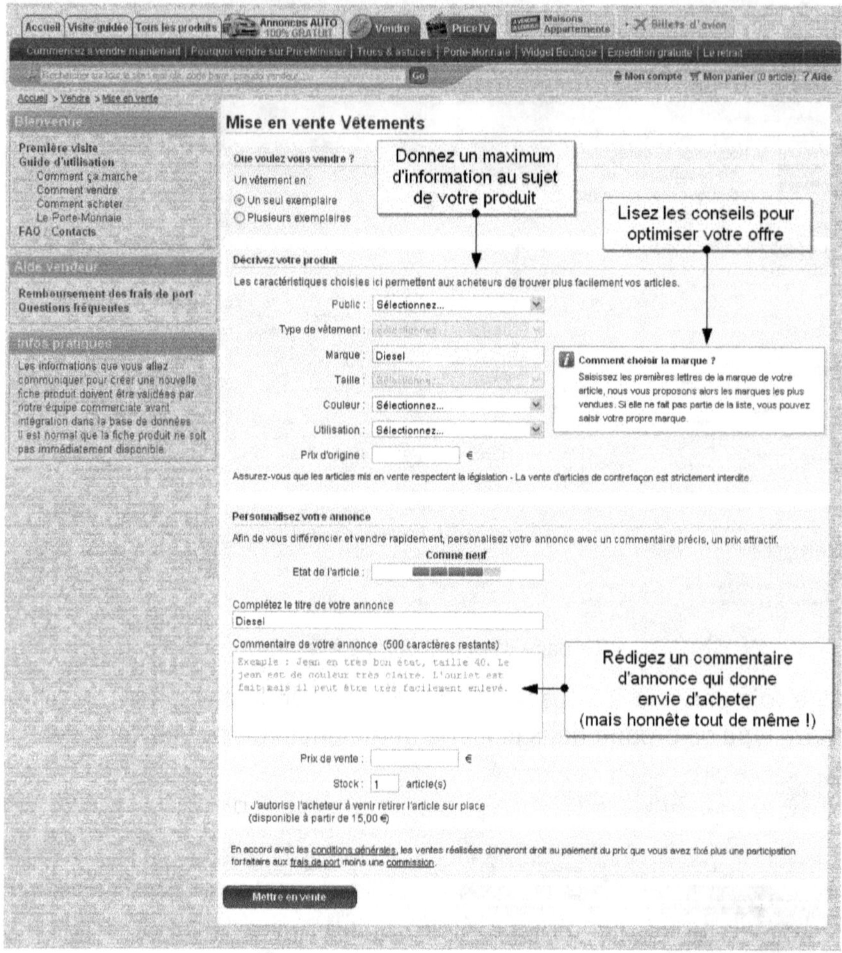


Exemple de formulaire de mise en vente complète

**Astuce**

### Soignez le titre du produit

Le titre doit être objectif et surtout répondre aux critères de recherche que va taper l'acheteur. Dans cet esprit, il vaut mieux choisir « col roulé rouge en coton C&A » que « ravissant col roulé ». Gardez les superlatifs pour le commentaire d'annonce.

Vous avez soumis une fiche-produit et elle n'est toujours pas visible ?

Il faut savoir que PriceMinister valide séparément chaque fiche-produit soumise. Compte tenu du grand nombre de soumissions, il peut arriver que cela prenne plusieurs jours.

Vous serez, quoi qu'il en soit, averti par e-mail au moment de la validation, que votre fiche soit acceptée ou rejetée.

Les fiches-produit peuvent être rejetées par exemple si l'article n'appartient pas à une catégorie acceptée par PriceMinister ou si l'information communiquée est insuffisante.

## Les *sine qua non* (incontournables) de la vente

Cette section va traiter des gestes à accomplir pour bien vendre et assurer votre réputation sur le long terme.

### → Comment bien tenir votre boutique ?

Il s'agit tout simplement de tenir votre boutique le plus correctement possible, et voici les points clés à retenir.

#### Tenir son stock à jour

Pas de boutique performante sans un stock bien à jour. Rien de plus énervant pour un acheteur que de passer une commande et de la voir annulée quelques heures plus tard sous prétexte que l'objet a déjà été vendu ailleurs. Ce principe sera d'autant plus vrai si vous listez votre stock sur plusieurs plateformes d'achat-vente.

Arrangez-vous pour tenir votre stock à jour. N'oubliez pas que chaque vente refusée augmente votre taux d'annulation et vous décrédibilise pour les futures ventes.

Pour modifier votre stock, rendez-vous dans la rubrique « Mes annonces » de votre compte et cliquez sur « Toutes mes annonces ». Vous pourrez y modifier ou supprimer une annonce, y mettre un article en vitrine, proposer une photo ou une vidéo.

Encore une fois, dans votre intérêt et celui des acheteurs, vérifiez régulièrement la bonne correspondance entre votre liste d'annonces et l'état de vos stocks.

### Être réactif et disponible – Bien gérer ses vacances

Un acheteur attend de vous que vous validiez sa commande au plus vite donc, même si vous disposez de 48 h pour répondre, ne le faites pas patienter trop longtemps ! De plus, le temps de réponse aux commandes est affiché sur votre boutique.

Si vous vous absentez pendant une période prolongée, vous avez tout intérêt à mettre votre inventaire en mode « vacances ». Cette option est disponible dans votre compte utilisateur, cliquez simplement sur « Vous partez en vacances ».

Lorsque votre compte est en mode « vacances », tous vos articles sont encore visibles mais ne peuvent plus être achetés. Vous ne risquez donc pas de recevoir pendant votre absence des commandes que vous ne seriez pas en mesure d'honorer.

Dès votre retour, il vous suffit de désactiver le mode « vacances » en cliquant sur « Vous rentrez de vacances » et tous vos articles sont à nouveau en vente.

## → Images - Vidéos

L'ajout de photos et vidéos est entièrement gratuit sur PriceMinister, vous devez donc en profiter au maximum.

### Obligatoire !

Il est très difficile de vendre un objet dont la fiche ne comporte pas d'image. Il faut absolument se mettre à la place de l'acheteur qui a besoin d'être rassuré sur la nature et l'état de ce qu'il va acheter.

Dans cette optique, mieux vaut une mauvaise photo que pas de photo du tout, mais il faut tout de même mettre l'objet en avant, et le mieux pour cela est de proposer plusieurs photos de bonne qualité.

### Les différentes possibilités d'illustration des produits

Le site PriceMinister propose plusieurs moyens pour illustrer l'objet à vendre.

#### L'image produit – photo de référence

Si l'on crée une fiche-produit de toute pièce, il faut lui prévoir une photo principale. Il s'agit d'une image générique qui sert pour toutes les annonces.

En effet, si la fiche-produit est nouvelle ou ne comporte pas d'image produit, et si votre photo d'annonce paraît suffisamment générique, les équipes de validation de PriceMinister pourront décider d'utiliser votre photo d'annonce comme image produit.

### La photo d'annonce

Au niveau de l'annonce, il est possible de proposer des photos spécifiques de l'exemplaire du produit que l'on vend, ce qui permet de mettre en avant un petit défaut éventuel ou de présenter une particularité (dédicace, bonus...).

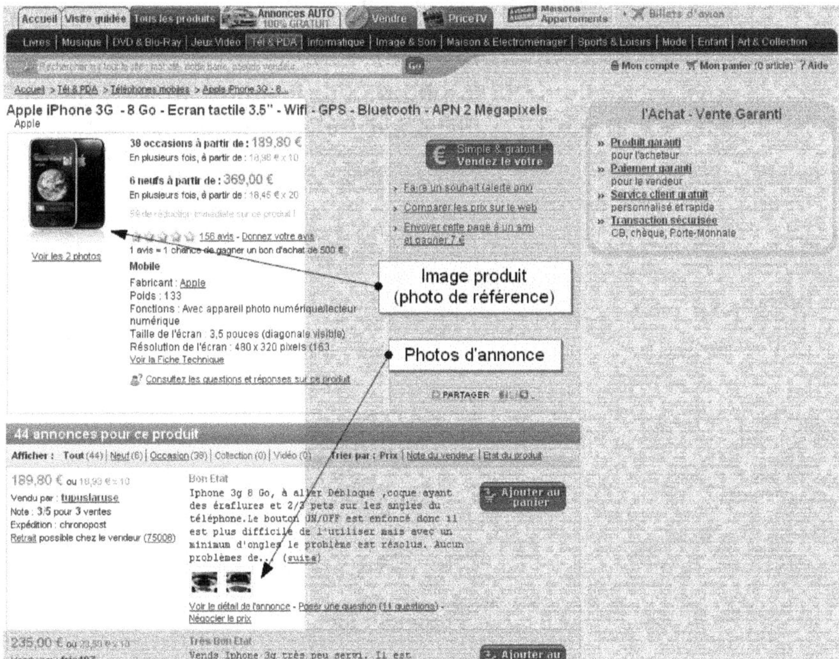


Image produit et photo d'annonce

## Comment ajouter des photos à votre annonce ?

Vous pouvez ajouter vos propres photos à l'annonce d'un de vos produits mis en vente sur PriceMinister à partir de votre « inventaire ».

Pour y accéder, rendez-vous dans la rubrique « Toutes mes annonces » de votre compte. Afin de retrouver l'annonce de votre choix, sélectionnez la catégorie de votre produit dans la colonne de droite ou utilisez la barre de recherche.

Vous serez automatiquement redirigé vers votre inventaire après toute nouvelle mise en vente sur le site et pourrez ainsi immédiatement mettre en ligne les photos de votre annonce fraichement créée.

Cliquez alors sur un des liens « Ajouter vos photos ».

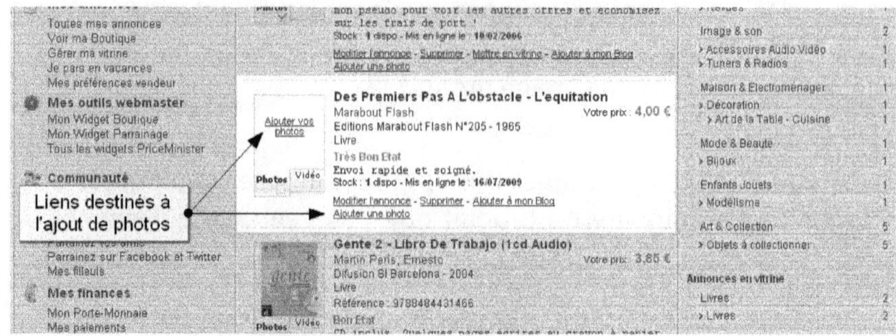


Les liens « Ajouter vos photos »

Vous pourrez alors ajouter des photos (ou modifier celles que vous aviez déjà mises en ligne) en utilisant le formulaire qui apparaît.

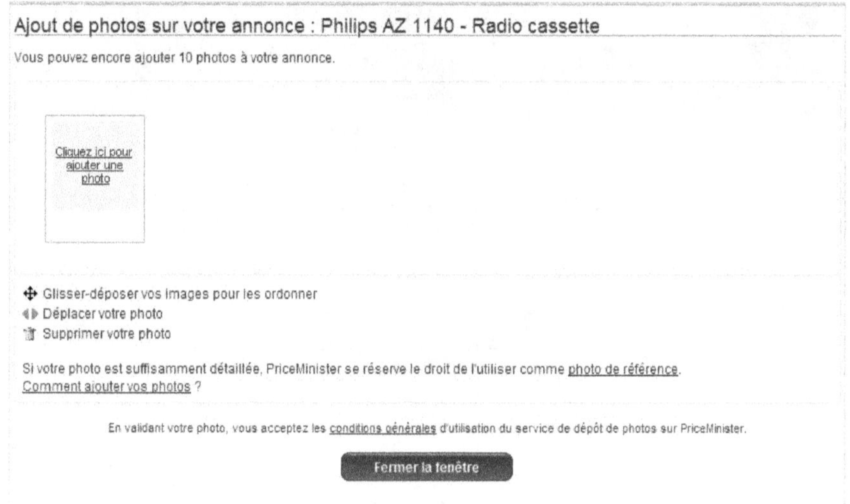


Formulaire d'ajout de photo

## Comment classer les photos de son annonce ?

Si vous avez mis en ligne plusieurs photos pour une même annonce, vous avez la possibilité de les disposer dans l'ordre de votre choix.

Pour cela, rendez-vous dans la rubrique « Toutes mes annonces » de votre compte. Retrouvez l'annonce concernée, puis cliquez sur le lien « Modifier les photos ».

Une fenêtre s'ouvre, vous permettant de visualiser les photos que vous aviez précédemment téléchargées. Cliquez alors sur vos différentes photos et glissez-déposez-les comme bon vous semble.

Cette fonctionnalité peut ne pas être utilisable sur les navigateurs internet les plus anciens. Vous pouvez cependant, quel que soit votre navigateur, déplacer vos photos vers la gauche ou la droite à l'aide des flèches situées sous chacune d'elles.

**Comment supprimer une photo de votre annonce ?**

Rendez-vous dans la rubrique « Toutes mes annonces » de votre compte. Retrouvez l'annonce concernée, puis cliquez sur le lien « Modifier les photos ».

Une fenêtre s'ouvre, vous permettant de visualiser les photos que vous aviez précédemment téléchargées. Cliquez alors sur l'icône « corbeille » sous la photo que vous souhaitez supprimer. Par mesure de sécurité, il vous sera alors demandé de confirmer ou d'annuler la suppression.

**Votre photo d'annonce n'est pas affichée ?**

Pour que votre photo soit mise en ligne sur PriceMinister, celle-ci doit impérativement :

- être d'une taille inférieure à 2 Mo (deux mégaoctets) ;
- être au format JPEG (ou JPG), BMP, GIF ou PNG.

Si vous tentez de mettre en ligne une photo ne respectant pas ces caractéristiques, un message d'erreur vous en avertira.

Par ailleurs, votre photo pourra, suite à sa mise en ligne, faire l'objet d'une vérification par les modérateurs de PriceMinister, par exemple si un autre utilisateur a signalé un problème avec celle-ci. Elle apparaîtra alors avec la mention « En cours de validation » dans votre compte, et ne sera temporairement plus visible par les autres utilisateurs.

Nous vous recommandons ainsi de ne mettre en ligne que des images conformes aux conditions d'utilisation du service « Photos » de PriceMinister (voir la page 53).

Si un problème est effectivement constaté, la photo concernée sera définitivement supprimée (vous ne pourrez pas la télécharger à nouveau).

**Comment signaler un problème sur une photo ?**

N'hésitez pas à signaler toute photo d'annonce allant à l'encontre des conditions d'utilisation du service de mise en ligne de photos sur PriceMinister.

Pour cela, il vous suffit de cliquer sur la photo concernée puis sur le lien « Signaler un abus », situé en dessous de ladite photo. N'oubliez pas alors de « confirmer » votre requête. Le service clients de PriceMinister sera ainsi averti du problème. Si celui-ci est avéré, la photo sera immédiatement supprimée.

Attention : le fait de signaler injustement et de façon répétée des abus pourra entraîner la suspension de cette fonctionnalité pour votre compte.

Vous pouvez également signaler une photo posant problème à l'aide du formulaire mis à disposition dans les pages d'aide du site. Vous devrez impérativement indiquer le pseudo du vendeur, le nom exact du produit et expliquer très clairement le motif de votre signalement.

### La vidéo

De même, il est possible de proposer une vidéo du produit que l'on veut vendre. Cela permet de présenter rapidement le produit sous différents angles : une bonne vidéo vaut un grand nombre de photos. Inutile de vous mettre en scène personnellement, une simple vidéo de votre article en train de fonctionner fera l'affaire et améliorera drastiquement vos chances de vendre.

Pour réaliser une vidéo, vous pouvez tout simplement utiliser votre téléphone mobile ou votre appareil photo numérique. Une fois que vous avez récupéré le fichier du film, vous pouvez l'*uploader* à partir de votre inventaire.

Remarque : Les vidéos apparaissent sur les fiches-produit, mais aussi dans l'onglet PriceTV.

Les liens permettant d'ajouter votre vidéo se trouvent dans votre inventaire produit, juste à côté du lien permettant d'ajouter une photo.

Lien « Ajouter une vidéo »

Une pop-up apparaît, suivez les instructions.

**Ajouter une vidéo à votre annonce**

**La vidéo sur PriceMinister, c'est facile !**

Il vous suffit de sélectionner une vidéo. Le téléchargement est alors automatique. Vous retrouverez votre vidéo sur votre annonce dès validation par notre système.

Choisir ma vidéo et l'envoyer

En validant votre vidéo, vous acceptez les conditions générales d'utilisation du service de dépôt de vidéo sur PriceMinister.

Aide sur l'ajout d'une vidéo Conseils pour la réalisation de votre vidéo Formats compatibles

Fenêtre d'ajout de vidéo

## Conseils pour les photos

Soignez vos photos, et vos articles partiront plus vite et à un meilleur prix !

### Recommandations de base

Pour que votre photo soit correctement intégrée à votre fiche-produit ou à votre annonce, celle-ci doit impérativement :

- être d'une taille inférieure à 2 Mo (deux mégaoctets) ;
- ne comporter aucune coordonnée de contact (adresse, téléphone, e-mail...) ;
- représenter le produit concerné ;
- être en accord avec les conditions d'utilisation du service « Photos » de PriceMinister
- être au format JPG, BMP, GIF ou PNG.

Les photos ne respectant pas les recommandations ci-dessus pourront être automatiquement refusées, voire supprimées par les services de PriceMinister après vérification.

### Multipliez les photos

N'hésitez pas à photographier l'objet qu'il va falloir vendre sous toutes les coutures.

Vous pouvez, par exemple, prévoir trois photos pour un livre (couverture, dos et un détail d'un coin abimé ou une belle image de l'intérieur en gros plan).

Pourquoi est-ce efficace ? Lorsqu'un internaute souhaite acquérir un objet, il ne peut ni le toucher ni en évaluer facilement la qualité et l'état. Il faut donc lui donner la possibilité de le « toucher avec les yeux ». Si nécessaire, multipliez les angles de vue, comme si l'acheteur pouvait tourner autour de l'objet. Comme on dit : « une bonne photo vaut mieux qu'un long discours ».

**Soignez la qualité de la photo**

Assurez-vous que vous avez un bel éclairage qui fasse ressortir correctement les couleurs au moment de la photo. De nombreux acheteurs sont déçus car la couleur sur la photo ne correspond pas bien à la couleur réelle de l'objet.

Choisissez un fond d'une couleur qui tranche avec vos objets. Par exemple, posez un bijou doré sur un tissu noir. Évitez les fonds à motifs qui rendent la photo brouillonne. Évitez également de photographier tout votre salon en arrière plan.

Préférez si possible les photos sans flash, vous éviterez les reflets et ombres peu élégants.

Redimensionnez vos photos avec votre logiciel habituel, mais gardez-en une ou deux en assez grand format.

**Mettez l'objet en valeur, faites ressortir une échelle**

Évitez de prendre en photo un vêtement posé par terre. Il fera beaucoup plus envie sur un cintre ou porté (par vous ou un mannequin).

Cette technique est valable pour presque tous les objets. Les utilisateurs qui vendent un vélo sur le site obtiennent un bien meilleur prix en prenant des photos soignées sur un chemin ou dans un champ qu'en proposant une photo prise dans le garage.

La règle est simple : mettez toujours vos objets en situation pour que les futurs acheteurs puissent facilement s'imaginer en leur possession.

Faites également ressortir une échelle qui permette d'apprécier la taille de l'objet. Vous pouvez porter une bague au doigt, une montre au poignet ou bien poser une allumette, une pièce de monnaie ou tout objet familier à côté de l'objet à vendre afin que l'acheteur se rende compte du volume de ce qu'il va acheter.

## → Le prix

Le prix est au cœur de l'achat-vente. C'est l'élément central autour duquel vous pouvez réussir une vente ou la voir échouer. Au-delà de votre capacité à bien fixer le prix de vente, c'est votre flexibilité sur ce dernier qui fera parfois la différence.

## Comment fixer un prix ?

Pour un vendeur, savoir fixer un prix est capital. Voici quelques points essentiels.

### Connaître les prix pratiqués sur Internet

Il importe de bien comprendre le marché sur lequel on place son annonce afin de vendre vite et bien. Tout le monde connaît le principe de l'offre et de la demande : vous pourrez facilement demander un bon prix (parfois supérieur à celui d'origine) pour un objet rare et recherché ; *a contrario*, un objet courant et peu demandé se vendra peu cher.

Comment connaître l'état du marché ? Le site PriceMinister peut vous fournir une première indication. Rendez-vous sur une fiche-produit, et cliquez sur « faire un souhait ». Sur la page souhait, dans le cartouche de gauche, vous pourrez consulter le prix moyen des transactions.

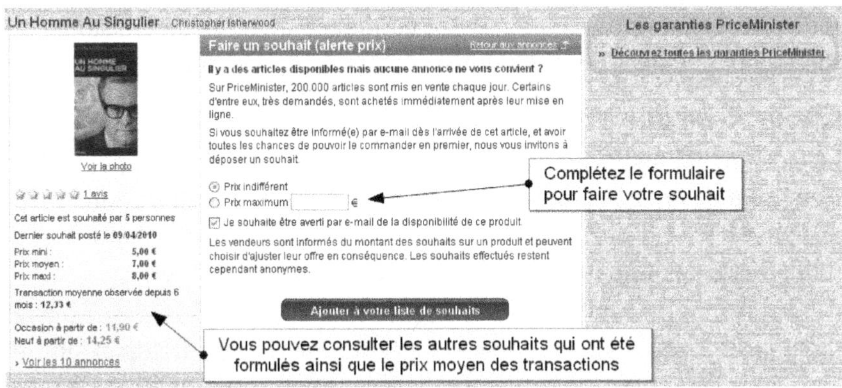


Le formulaire de souhait

Toutefois, tous les produits ne comportent pas ces indications. Vous devrez donc parcourir Internet afin de consulter des comparateurs de prix, ou des sites concurrents de PriceMinister afin de vous renseigner sur les prix pratiqués.

### La décote

À moins d'avoir un article neuf à vendre, votre objet devra certainement subir une décote proportionnelle à son âge et à son état. Il est important de vous renseigner également sur l'existence de produits récents qui peuvent concurrencer votre produit et forcer à appliquer une plus forte décote.

Par exemple : vous achetez un appareil photo de 4 millions de pixels 200 € puis, au moment de le revendre, vous voyez que les appareils photos de 4 millions de pixels neufs valent tous environ 100 € ? Pas la peine d'essayer de vendre votre vieil appareil pour 100 €... il est déjà dépassé et le proposer à moitié prix n'est pas suffisant – il faudra plutôt proposer une vente à 50 €... soit la moitié du prix d'appareils équivalents neufs.

Ce raisonnement s'applique dans de nombreux domaines mais est souvent ignoré, les vendeurs se basant uniquement sur le prix d'origine. Il faut être capable de faire le deuil de ce prix afin de réaliser la vente ; sinon le danger est de garder le produit très longtemps et de laisser la décote augmenter.

### Le prix conseillé par PriceMinister

Attention, le prix conseillé sur le site est le résultat d'un calcul automatique. Il se base sur le prix neuf qui a été indiqué à PriceMinister par ses fournisseurs de données.

Dans tous les cas, ce prix n'est pas obligatoire, il s'agit surtout d'une indication générique ; faites plutôt confiance à votre connaissance du marché et des décotes à appliquer, comme vu plus haut.

## Option d'alignement du prix

Le site PriceMinister propose une option d'alignement du prix, visible notamment dans la page « Mon compte » sous le lien « toutes mes annonces » : « x prix à aligner ». Le système indique si d'autres vendeurs proposent un meilleur prix pour un article déterminé.

On a alors la possibilité de « s'aligner », c'est-à-dire de proposer un meilleur prix que l'autre vendeur. Cette option a le mérite de la simplicité, mais un vendeur averti préférera aligner ses prix par lui-même, *via* l'option de modification d'annonce.

En effet, le système compare des prix « bruts » et ne prend pas en compte l'état de l'annonce : un autre vendeur peut être moins cher car il propose un objet en état correct alors que celui que l'on a entre les mains est absolument comme neuf. On peut vérifier cela en se rendant sur la fiche-produit et, dans cette situation, il n'est pas forcément nécessaire d'aligner le prix.

Autre chose à savoir : on n'est pas obligé d'aligner le prix en dessous de celui du concurrent. On peut également proposer le même prix. L'annonce qui sera placée la première sera la moins chère, au meilleur état, du vendeur qui a réalisé le plus de ventes et a la meilleure note. Il convient donc d'observer la concurrence pour voir, dans le cas où l'on veut avoir une annonce positionnée en tête de liste sur une fiche-produit, si l'on doit proposer un prix plus bas ou si mettre un prix égal suffit.

### Autoriser la négociation

Le site PriceMinister permet aux acheteurs de négocier le prix des annonces, mais pour cela il faut qu'ils acceptent d'utiliser ce mécanisme.

Notre conseil est d'accepter le système de négociation afin d'être plus à l'écoute de ce que le marché propose pour un produit. Pour cela, rendez-vous dans votre compte sur la page « Vos préférences vendeur » (lien en bas à droite dans votre compte).

Il faut essayer pour voir. Certains acheteurs attendent un geste symbolique – un euro de réduction – et d'autres font des propositions très basses.

Attention, il n'y a pas vraiment de dialogue à ce niveau : vous ne pouvez que refuser une offre, et pas faire de contre-proposition.

## → Le commentaire d'annonce

Ce commentaire, contrairement au descriptif produit, n'est pas là pour être objectif et neutre. Il sert à donner envie d'acheter votre article. Vous devez donc soigner et bichonner le commentaire d'annonce autant que la photo.

#### Donnez un maximum d'informations

Si votre annonce se trouve sur une fiche-produit mal renseignée, donnez un maximum d'informations complémentaires afin de bien rassurer l'acheteur sur ce que vous vendez. Précisez bien les dimensions, compatibilités et fonctionnalités, si besoin.

Décrivez précisément les petits défauts de votre article, soyez honnête. L'acheteur passera la commande en connaissance de cause et ne devrait pas vous donner une mauvaise note – ce qui ne sera pas le cas s'il découvre des défauts non signalés.

Précisez l'état de votre article : « utilisé une fois », « porté une fois », sont plus explicatifs que juste « comme neuf » ou « très bon état ».

#### Soulignez les éléments différenciants

Engagez-vous sur la livraison et la qualité de l'emballage. Par exemple : « livraison rapide sous enveloppe à bulles ». Insistez sur le fait que vous avez l'emballage d'origine, la notice.

## → Faire sa pub

Pour augmenter ses chances de faire des ventes, on peut attendre et compter sur le fonctionnement naturel de la place de marché. Mais le mieux est tout de même de communiquer sur l'inventaire que l'on propose et de faire connaître les annonces à un maximum de personnes. Plusieurs moyens permettent d'assurer son propre marketing.

## La boutique

La toute première chose à faire est de personnaliser votre boutique. En effet, cet espace personnalisé est la page sur laquelle les acheteurs arrivent s'ils cliquent sur votre pseudonyme. Comme dans un magasin, vous allez pouvoir animer vos ventes et donner envie d'acheter.

Quand vous ouvrez votre compte et que votre boutique n'est pas personnalisée, elle ressemble à cela :

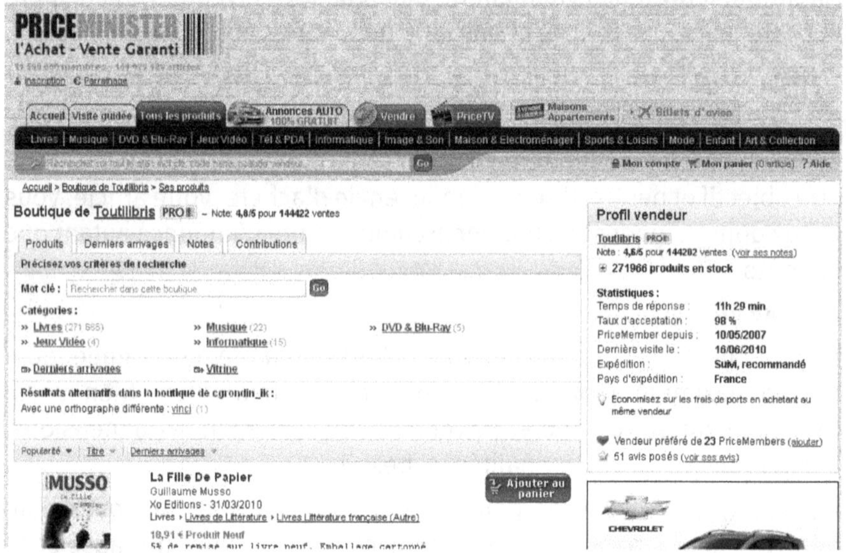


Vous pouvez :

- personnaliser l'en-tête à l'aide d'un texte et d'une photo ou d'un logo ;
- créer un carrousel de produits, une sorte de vitrine, dont vous choisissez le titre ;
- si vous êtes un vendeur professionnel, expliquer les services que vous proposez dans l'onglet « mes engagements pro ».

Voici un exemple de boutique personnalisée.

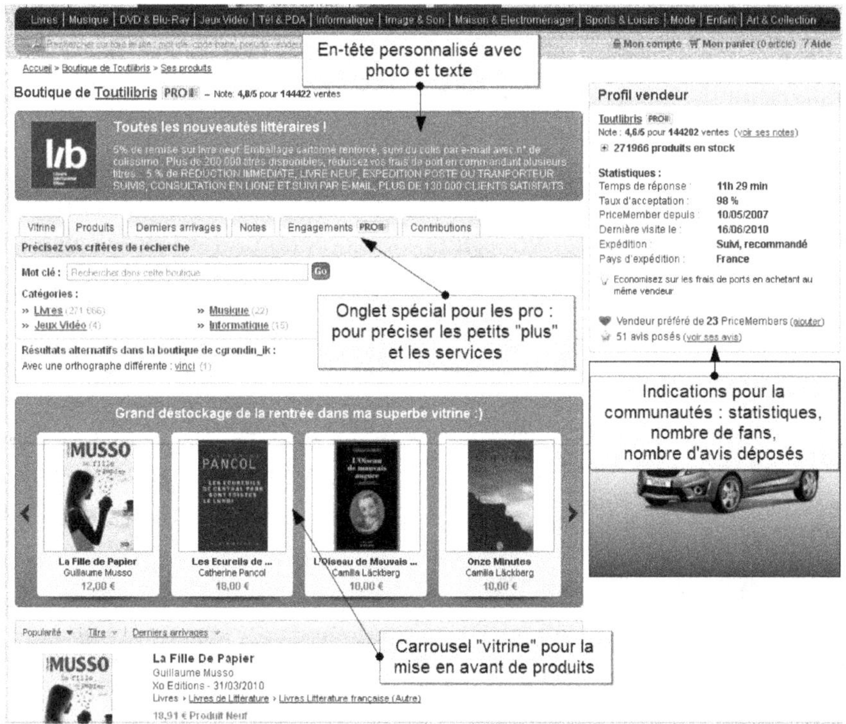


## Le réseau de connaissances

Un autre moyen de faire connaître son offre est d'écrire un e-mail à ses amis, connaissances ou collègues, et de leur proposer un lien vers sa boutique PriceMinister. Il faut bien sûr les inciter à passer le mot à un maximum de personnes susceptibles d'être intéressées. On peut être surpris du nombre de gens qui, apprenant que l'on vient de vendre un objet, disent : « pourquoi ne m'en as-tu pas parlé ? »

Dans la même idée, pourquoi ne pas en parler sur votre site de réseau social préféré ? Un petit communiqué sur facebook ou MySpace peut faire vendre plus rapidement vos objets. Idem si vous avez un blog.

## Le site web personnel

Pour ceux qui ont un site web, il est bien sûr recommandé de placer un lien vers sa boutique, voir de mettre en place un widget (voir la page 181).

## Se placer dans la section « PriceMinister vous recommande... » de la fiche-produit

Si vous avez bien suivi les conseils précédents, votre annonce sera certainement éligible pour être recommandée par PriceMinister.

Attention, le système qui va décider si votre annonce sera recommandée aux acheteurs en haut de la fiche produit se base sur de nombreux éléments. À titre indicatif, le prix, l'état de l'annonce, la fraîcheur de l'annonce, le pays d'envoi, le mode d'envoi, le taux d'acceptation du vendeur, le taux de réclamation auprès du vendeur et la note du vendeur entrent en compte !

Alors, saurez-vous placer vos offres en recommandation PriceMinister ?

## Valider et envoyer la commande

Ça y est, vous avez réalisé une vente ! Félicitations !

Mais attention, il faut maintenant soigner l'envoi de l'article pour vous assurer une bonne note...

### → Confirmer la vente

Il est très important de confirmer rapidement à l'acheteur que vous allez lui expédier le produit.

#### 48 heures pour confirmer

Vous recevez par e-mail un avis de PriceMinister vous informant d'une vente. Vous disposez dès lors d'un délai de deux jours ouvrables pour confirmer que vous êtes en mesure d'expédier cet article à l'acheteur.

Vous devez savoir que lorsque vous vous engagez à livrer, la carte bancaire de l'acheteur est définitivement débitée, et le montant forfaitaire reversé au titre des frais de port ne peut plus être négocié *a posteriori*.

Passé ce délai, et sans réponse de votre part, PriceMinister considère que vous êtes indisponible et place votre compte en mode « vacances », ce qui a pour effet immédiat de suspendre provisoirement de la vente tous les articles de votre liste. Vous pourrez lever la suspension dès votre retour en accédant à votre compte.

À ce stade, vous risquez de rencontrer deux problèmes classiques.

#### Vous avez reçu une commande pour un article déjà vendu, donné, etc.

Si vous avez déjà vendu l'article qu'un acheteur vous a commandé, vous devez refuser la vente.

C'est en effet clairement indiqué dans l'aide en ligne du site : « Si vous n'avez plus l'article, ou si vous ne pouvez pas procéder à l'expédition dans les deux jours ouvrables qui suivent votre confirmation, vous devez annuler la vente. »

L'inconvénient est que votre taux d'annulation va refléter ce refus et qu'il n'est pas très agréable pour un acheteur de se voir refuser une commande. Pour éviter ces désagréments, il est essentiel de mettre son inventaire à jour régulièrement en supprimant les articles que vous ne possédez plus.

### Vous avez validé la vente mais vous ne pouvez pas envoyer l'article

En acceptant la vente, vous déclenchez automatiquement le débit de la carte de crédit de l'acheteur ainsi que l'envoi d'un e-mail l'informant de votre confirmation. Annuler une vente après l'avoir acceptée est donc doublement ennuyeux pour l'acheteur.

C'est pourquoi il est très important de vérifier la disponibilité et la qualité des articles avant de vous engager à les livrer.

Si vous avez confirmé une commande que vous ne pourrez pas honorer, vous devrez l'indiquer le plus rapidement possible à PriceMinister à l'aide du formulaire proposé dans l'aide en ligne.

## → Envoyer vite et bien

Une fois la commande confirmée, la rapidité d'envoi et la qualité du colis sont primordiales.

### La rapidité d'envoi

La première étape d'un envoi réussi est la rapidité de l'expédition. Il faut donc absolument tenir à jour votre stock et bien gérer votre mode vacances (voir plus haut), sous peine de voir augmenter votre taux d'annulation.

Si un problème se pose, il convient d'avertir le plus tôt possible l'acheteur *via* PriceMinister afin qu'il sache à quoi s'en tenir et qu'il puisse prendre ses dispositions.

### L'emballage

Après la rapidité, l'emballage est le deuxième élément clé d'un envoi réussi. Il faut y consacrer le temps et le matériel nécessaire sous peine de déconvenues.

Quand ils sont acheminés, les colis peuvent se retrouver dans le dessous de la pile. Notre conseil est donc de surprotéger systématiquement les objets : enveloppez-les dans du papier à bulles, utilisez une boîte en carton ou une boîte d'origine dont vous remplissez les espaces vides, protégez bien les coins de votre objet… autant de gestes qui éviteront la détérioration de ce que vous expédiez.

Afin de faire un bon travail, il faut s'imaginer ce qui arriverait si l'on posait une valise très lourde sur votre colis, et le renforcer en conséquence.

Pour diminuer les coûts d'emballage, développez vos talents de récupérateur et de recycleur : gardez les boîtes d'origine. Et, si vous faites des achats sur Internet, conservez les emballages pour pouvoir les réutiliser. Sinon, essayez de récupérer des cartons à votre travail ou dans la supérette près de chez vous.

Faire ses colis soi-même est bien évidemment moins coûteux que toutes les offres « prêt-à-poster » de La Poste.

### L'expédition du colis

Nous vous invitons ici à consulter la section sur les frais de port, ainsi que celle sur les modes d'expédition des colis.

Rappel : vous devez impérativement respecter le choix de l'acheteur concernant le mode d'expédition.

Quand vous expédiez un colis dans un mode suivi, vous pouvez vous rendre par la suite sur le site et indiquer à l'acheteur le numéro de suivi en vous rendant dans votre compte et en suivant les liens commandes en cours, suivi de la commande, envoyer un message à l'acheteur.

## → Le retrait sur place

Certaines catégories d'articles proposés à la vente sont difficiles à expédier. En mettant vos annonces en ligne, vous avez la possibilité de choisir le mode « retrait » pour certaines d'entre elles.

Il suffit pour cela de préciser votre situation géographique en indiquant le code postal du lieu du retrait de l'article. L'acheteur intéressé peut ainsi connaître la distance à parcourir pour venir retirer votre article.

Comment se déroule le retrait :

- l'acheteur passe commande, il vous contacte alors pour convenir d'un rendez-vous ;
- lors de la visite, présentez l'article complet à l'acheteur et effectuez toutes les démonstrations nécessaires ;

- n'oubliez pas de communiquer à votre acheteur toute information utile que vous êtes en mesure de fournir et que vous avez mentionnée dans votre commentaire d'annonce ;
- complétez et signez les deux exemplaires du certificat de retrait que votre acheteur a imprimés depuis son compte PriceMinister. Gardez un exemplaire en échange du contenu de la commande remis à votre acheteur.

De retour chez lui, l'acheteur confirme la transaction en vous attribuant une note.

Grâce au mode retrait, vous pouvez vendre vite et bien vos articles les plus encombrants et fragiles, en toute sécurité !

## Le paiement

Une fois que votre acheteur vous a donné une note, PriceMinister peut procéder au paiement.

### → Les différents états de paiement d'une vente

Pour suivre vos paiements, allez sur votre compte et cherchez la rubrique « Vos finances », « Mes paiements ».

En haut à droite de la page, vous trouverez un petit tableau « Mes ventes » qui récapitule ce qui se passe au niveau du paiement de vos ventes.

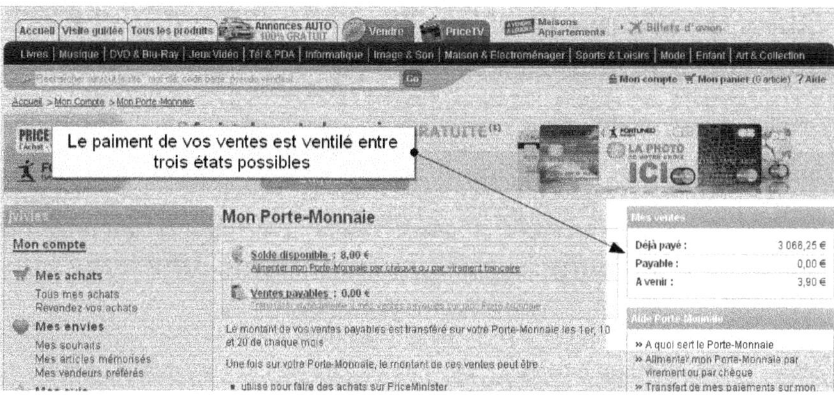


Les états de paiement

À quoi correspondent les différents états ?

### Déjà payé

C'est le montant total que vous avez déjà perçu dans le cadre de vos ventes. Vous pouvez retrouver la liste de tous vos paiements en sélectionnant « Transfert de mes ventes sur mon porte-monnaie virtuel » dans le tableau de la page « Mon porte-monnaie virtuel ».

### Payable

Une vente devient payable dès qu'elle est déclarée reçue par l'acheteur. Si elle n'est pas déclarée reçue par l'acheteur, elle devient automatiquement payable le 20 du mois suivant le mois de la commande (par exemple le 20 février pour une commande passée en janvier).

Attention, le tableau indique les ventes devenues payables à ce jour mais qui n'ont pas encore été transférées sur votre porte-monnaie virtuel.

### À venir

Ce montant correspond aux ventes que vous avez acceptées mais qui ne sont pas encore payables pour le moment.

## → Le transfert sur le porte-monnaie virtuel

Pour que vous puissiez bénéficier du paiement d'une vente, il faut que celle-ci soit « payable » (voir ci-dessus). Dans tous les cas, les montants payables vont transiter par votre porte-monnaie virtuel.

À partir de là, il n'y a pas de délai obligé puisque le montant de la vente payable peut être transféré à tout moment par vos soins sur le porte-monnaie virtuel. Pour ce faire, cliquez sur le lien « Transférer immédiatement mes ventes payables sur mon porte-monnaie virtuel » à partir de la page « Mon porte-monnaie virtuel ».

Si vous ne faites pas le transfert vous-même, aucun problème, vos ventes payables seront transférées automatiquement sur le porte-monnaie virtuel le 1er, le 10 et le 20 de chaque mois.

Une fois le transfert effectué par l'une ou l'autre méthode (manuel ou automatique), le montant correspondant apparaîtra alors dans votre « solde disponible ».

Ensuite, tout dépend de l'utilisation que vous voulez faire de ce solde. Vous pouvez utiliser votre porte-monnaie virtuel pour faire un achat sur le site sans attendre. Vous pouvez aussi demander un reversement du solde sur votre compte en banque.

## ➔ Le reversement sur un compte en banque

Si vous ne souhaitez effectuer aucun achat sur le site avec le solde de votre porte-monnaie virtuel, vous pouvez demander le reversement d'une partie ou de la totalité de ce solde, par virement ou par chèque, depuis la rubrique « Mon porte-monnaie virtuel » de votre compte.

### Les deux types de reversement

Deux types de versement sont possibles.

#### Le reversement régulier

C'est le moyen le plus simple et le plus rapide pour récupérer votre argent. Suite au transfert automatique de vos ventes payables sur votre porte-monnaie virtuel, la somme est immédiatement virée sur votre compte bancaire.

Afin de ne pas multiplier les virements de faible montant, le montant minimum pour un reversement régulier est de 10 €.

Vous avez également la possibilité de laisser un « solde minimum » sur votre porte-monnaie virtuel, afin de réaliser d'éventuels achats sur le site. Le virement ne sera alors effectué que si le solde porte-monnaie virtuel auquel on retranche le solde minimum dépasse 10 €.

Le reversement régulier ne fonctionne que par virement bancaire, il n'est pas possible de se faire payer par chèque.

#### Le reversement ponctuel

Il vous permet de recevoir une partie ou la totalité du solde de votre porte-monnaie virtuel en une seule fois.

Le montant minimum pour un reversement ponctuel est de 30 €, sauf si vous souhaitez débiter l'intégralité de votre porte-monnaie virtuel.

Ce type de reversement peut se faire par virement bancaire ou par chèque.

### Reversement par virement ou par chèque

Quelques points à connaître concernant ces reversements.

#### Les reversements par virement

Ils sont effectués le 1er, le 10 et le 20 de chaque mois. Il faut ensuite compter entre 3 et 10 jours supplémentaires avant de voir apparaître la somme sur votre compte bancaire. Ce délai comprend les vérifications effectuées par PriceMinister, les éventuels week-ends ou jours fériés et le temps de réaction de votre banque.

### Les reversements par chèque

Ils sont traités le 20 de chaque mois. Votre chèque devrait alors vous parvenir dans les 10 jours ouvrés suivant cette date, en prenant en compte les délais d'impression, de mise sous pli et d'acheminement par les services postaux.

Dans tous les cas, pour plus d'informations sur le fonctionnement du porte-monnaie virtuel, consultez la section qui lui est dédiée.

## Résoudre les éventuels problèmes rencontrés lors d'une vente

Bien que le système de PriceMinister est éprouvé et fiable, vous pouvez tout de même rencontrer ponctuellement des problèmes lors de vos transactions.

Les indications qui suivent devraient vous permettre d'y faire face.

### → L'acheteur tarde à confirmer la réception

Bien que cela leur soit indiqué à plusieurs reprises par e-mail, certains acheteurs sont parfois distraits et oublient de confirmer la réception de leur commande. Leur silence valant acceptation, PriceMinister paye aux vendeurs chaque 20 du mois toutes les ventes du mois précédent qui sont dans cette situation.

Par exemple, le paiement d'une vente non confirmée datant du mois de décembre sera créditée sur votre porte-monnaie virtuel le 20 janvier. Pas d'inquiétude, donc.

Toutefois, vous avez la possibilité de relancer à deux reprises un acheteur qui aurait oublié de noter une commande : une première fois 10 jours après la date de la commande, puis 7 jours après la date de la première relance. Rendez-vous pour cela dans la rubrique « Toutes mes ventes » de votre compte, puis choisissez la commande concernée.

Vous pouvez également envoyer un message à l'acheteur pour demander si le colis a bien été reçu, voire lui transmettre le numéro de suivi du colis (le cas échéant). Pour cela, rendez-vous sur la page correspondant à la commande et allez sur le suivi de la commande. Inutile de submerger l'acheteur, un message explicatif exposant simplement que vous ne serez pas payé tant qu'il ne vous aura pas noté devrait suffire.

Remarque : un délai supplémentaire peut également intervenir exceptionnellement lorsqu'un litige a été enregistré ou, pour certaines commandes, si le panier de l'acheteur comporte plusieurs articles commandés auprès de vendeurs différents.

## → L'acheteur n'a jamais reçu le colis

La majorité du temps, vous postez votre article, il est acheminé correctement et le vendeur le reçoit quelques jours plus tard. Il arrive, hélas, parfois que l'acheteur ne reçoive pas le colis.

Vu du côté vendeur, il ne peut y avoir que deux causes à cela : le transporteur a égaré le colis, ou l'acheteur est de mauvaise foi. En effet, il se peut que certains acheteurs demandent un envoi simple pour mieux réclamer après. Les plus subtils peuvent, ainsi, demander un envoi simple puis vous envoyer un message pour obtenir le numéro de Colissimo... cela peut faire naître des soupçons car on voit se profiler la réclamation pour objet non reçu.

Alors attention, un vendeur averti en vaut deux.

Pour les articles représentant de petites sommes, pas de raison de ne pas faire un envoi en normal (vous pourrez ainsi gagner un peu d'argent sur votre vente).

PriceMinister oblige le mode suivi pour les articles de plus de 40 €, mais vous pouvez considérer que ce mode d'envoi n'est pas encore assez sûr.

Dans ce cas, vous pouvez par exemple, pour tout ce qui est de valeur ou particulièrement fragile, indiquer dans votre commentaire annonce que l'envoi se fera uniquement en Chronopost et refuser la vente si ce mode d'expédition n'est pas choisi (attention en revanche à votre taux d'annulation).

Pour les sommes intermédiaires (de 10 à 40 €), vous pouvez poster systématiquement en suivi, en intégrant le surcoût dans votre prix de vente. Vous pouvez aussi l'indiquer dans votre commentaire annonce. Vous vendrez probablement moins mais ce sera plus sûr.

## → Un article fait l'objet d'une réclamation

L'acheteur a la possibilité d'effectuer une réclamation auprès de PriceMinister, principalement dans les cas suivants :

- s'il n'a pas reçu un ou plusieurs des articles commandés dans un délai de 17 jours après la date d'achat ;
- si un des articles reçus est en mauvais état ou présente un défaut de fonctionnement ;

- si un des articles reçus est différent du produit commandé.

En cas de litige entre vous et l'acheteur, PriceMinister joue alors son rôle de tiers de confiance.

Dès réception de la réclamation, PriceMinister vous contacte par e-mail pour que vous confirmiez ou non, dans les 7 jours, les dires de l'acheteur.

Si la réclamation de l'acheteur porte sur la qualité de l'article livré, et suivant votre réponse à la demande d'explications, le Service Clients de PriceMinister pourra décider de faire revenir l'article dans leurs locaux afin que le bien-fondé de la réclamation puisse être constaté ou d'organiser le renvoi de l'article chez vous.

Si la réclamation n'est pas justifiée ou si l'acheteur ne procède pas au renvoi de l'article, la réclamation sera annulée et vous serez payé pour cette vente.

Il est possible que cette procédure retarde de quelques jours le paiement de la vente correspondante, mais vous ne devez pas vous inquiéter pour autant. Quelle que soit l'issue de la réclamation, vous en serez rapidement tenu informé.

## → Note ou commentaire injustifié

Lorsque l'acheteur note une transaction, il lui est demandé de n'apprécier que les faits en rapport direct avec sa commande, tels que la qualité de la communication avec le vendeur, le soin apporté à l'emballage, la rapidité d'expédition ou encore la concordance du produit reçu avec l'annonce.

Si un acheteur vous a laissé un commentaire comportant des propos injurieux ou diffamatoires, se plaignant de délais imputables à La Poste ou au transporteur, mentionnant des caractéristiques propres au fonctionnement du site (ex. : montant forfaitaire des frais de port), ou évoquant une toute autre transaction, vous devez en informer PriceMinister. Pour cela, un formulaire est à votre disposition dans l'aide en ligne. N'oubliez pas d'indiquer le numéro de commande.

Dans tout autre cas, PriceMinister va se refuser autant que possible d'intervenir sur les notes et commentaires donnés par les acheteurs sur le site, dans un souci de crédibilité du système.

Si vous estimez avoir reçu une note injustifiée, vous avez la possibilité de « commenter une note » d'un acheteur, depuis la rubrique « Voir mes notes » de votre compte. Veillez cependant à ce que votre réponse respecte la Charte de communication de PriceMinister (voir la page 53).

## Vendeurs professionnels

Voici une présentation non exhaustive de ce qui est prévu sur le site PriceMinister pour les vendeurs professionnels.

### ➜ Définition du vendeur professionnel

L'article L. 121-1 du Code de commerce stipule que « sont commerçants ceux qui exercent des actes de commerce et en font leur profession habituelle ». Un vendeur pourra être qualifié de vendeur professionnel s'il a l'intention d'avoir une activité professionnelle qui se détermine, par exemple, par le fait de mettre en place un système organisé de vente à distance (utilisation de moyens professionnels pour expédier les produits vendus, aménagement de locaux dédiés...) et par le fait d'acheter des biens dans l'unique but de les revendre.

Il n'existe pas dans les textes de seuil officiel (en nombre de ventes ou en euros) au-delà duquel l'activité de vente est automatiquement considérée comme relevant de l'activité commerciale.

Si la revente d'articles sur PriceMinister est votre profession habituelle, ou une source de revenus complémentaires régulière, il est donc important de vous doter d'un statut légal approprié (auto-entrepreneur, micro-entreprise, SARL, EURL...) pour répondre aux obligations fiscales et sociales.

### ➜ Comment créer son entreprise avec régime de l'auto-entrepreneur ?

Le régime de l'auto-entrepreneur n'est évidemment pas le seul disponible pour créer votre entreprise, mais il a l'avantage d'être assez souple et simple à utiliser. Si vous souhaitez envisager d'autres régimes, nous vous conseillons de vous renseigner auprès de votre chambre du commerce locale par exemple. PriceMinister peut également vous accompagner pour créer et développer votre « petite entreprise ».

Entré en vigueur en janvier 2009, le régime de l'auto-entrepreneur a été « taillé sur mesure » pour vous permettre de démarrer ou poursuivre une activité commerciale indépendante qui soit source principale ou complémentaire de vos revenus, sans vous obliger à créer une société.

Vous créez ainsi en toute simplicité votre entreprise individuelle ; ce régime offrant plusieurs avantages quant à la gestion de votre activité (inscription et radiation facilitées directement depuis Internet par exemple).

## Qu'est-ce qu'un auto-entrepreneur ?

C'est une personne qui souhaite créer une entreprise individuelle pour exercer une activité commerciale, artisanale ou libérale, à titre principal ou complémentaire, et dont le chiffre d'affaires annuel ne dépasse pas en 2009 : 80 000 € HT pour une activité d'achat et de revente d'objets et 32 000 € HT pour les prestations de services.

L'auto-entrepreneur bénéficie :

- d'une dispense d'immatriculation au registre du commerce et des sociétés (RCS) pour les commerçants, ou au répertoire des métiers (RM) pour les artisans ;
- d'une exonération de TVA ;
- d'un régime de cotisations sociales simplifié ;
- et, sur option, d'un régime fiscal simplifié et d'une exonération temporaire de taxe professionnelle.

Bien que non immatriculé au RCS, l'auto-entrepreneur a un numéro SIREN, et la réglementation liée à l'exercice d'une activité professionnelle doit être appliquée.

En particulier, l'auto-entrepreneur doit respecter les diverses obligations légales d'un vendeur professionnel (offrir un droit de rétractation, assurer une garantie de conformité des biens livrés, etc.) et se conformer obligations contractuelles imposées à ces vendeurs.

## Comment se déclarer auto-entrepreneur ?

Vous pouvez soit effectuer rapidement et facilement une déclaration d'activité sur Internet, ou bien vous rendre auprès du Centre de formalités des entreprises (CFE) de la chambre de commerce et d'industrie la plus proche de chez vous.

## Quel est le régime de l'auto-entrepreneur au niveau des cotisations sociales ?

C'est un régime simplifié de calcul et de paiement des cotisations sociales qui ouvre des droits à l'assurance maladie et à la retraite. Il s'adresse à tous les auto-entrepreneurs. Chaque mois ou chaque trimestre, selon votre choix, vous payez des cotisations sociales en fonction des recettes encaissées au cours de la période retenue. Le montant de vos cotisations est connu immédiatement car il est égal à 12 % du chiffre d'affaires pour une activité d'achat et de revente sur PriceMinister.

Avec ce régime, si vous n'encaissez rien, vous ne payez rien. Vous n'avez pas non plus de cotisations sociales à régulariser l'année suivante.

Si vous souhaitez estimer le montant de vos charges, veuillez consulter le site internet de l'Agence pour la création d'entreprises (APCE).

## Quelles sont vos obligations fiscales ?

En tant qu'auto-entrepreneur, vous êtes obligatoirement soumis au régime fiscal de la micro-entreprise. À ce titre, vous ne facturez pas de TVA et vous êtes redevable de l'impôt sur le revenu (IR). Vous pouvez choisir entre deux modes d'imposition à l'IR :

- le nouveau régime micro-fiscal simplifié (versement libératoire de l'impôt sur le revenu) ;
- le calcul et le paiement de l'impôt l'année suivant la réalisation du bénéfice.

En optant pour le versement libératoire de l'impôt sur le revenu, vous êtes également exonéré de taxe professionnelle l'année de la création de votre entreprise et les deux années suivantes !

Chaque mois ou chaque trimestre, vous déclarez et payez l'impôt sur le revenu (IR). Le montant de votre IR correspondra à un pourcentage de vos recettes encaissées au cours de cette période, à savoir 1 % si votre activité principale est l'achat et la revente. Plus besoin de payer l'impôt sur les bénéfices l'année suivante !

Pour y prétendre, vous devez avoir opté pour le régime micro-social simplifié et avoir un revenu fiscal de référence en 2007 n'excédant pas 25 195 euros (pour 2009) par part de quotient familial.

## Quelles sont vos obligations comptables ?

Elles sont allégées. Un livre-journal détaillant vos recettes doit être tenu, et pour les seules activités de vente, un registre récapitulatif par année présentant le détail de vos achats. L'ensemble des factures et pièces justificatives relatives à vos achats, ventes et prestations de services doivent être conservées.

L'auto-entrepreneur doit indiquer sur ses factures, ainsi que sur toutes correspondances concernant son activité et signées par lui ou en son nom, le numéro d'identification qui lui a été communiqué suivi de la mention « dispensé d'immatriculation en application de l'article L. 123-1-1 du Code de commerce ».

Enfin, la mention « TVA non applicable, article 293 B du CGI » doit être portée sur vos factures.

### Que se passe-t-il si votre chiffre d'affaires dépasse le seuil ?

Vous pourrez continuer à bénéficier du régime fiscal de la micro-entreprise pour la fin de l'année civile en cours et l'année suivante si votre chiffre d'affaires HT ne dépasse pas 88 000 € pour une activité d'achat et de revente. Pendant cette période, vous continuerez à bénéficier de la dispense d'immatriculation au RCS ou au RM, et des régimes micro-social et micro-fiscal simplifiés (versement libératoire de l'impôt sur le revenu).

Pour de plus amples informations, nous vous invitons à consulter le site du ministère du Commerce relatif à l'auto-entrepreneur : http://www.lauto-entrepreneur.fr/ ou à consulter des ouvrages spécialisés (par exemple *Le guide pratique de l'auto-entrepreneur*, G. Daïd, P. Nguyen, Éditions d'Organisation).

## → S'inscrire comme vendeur professionnel - les obligations

L'inscription comme vendeur professionnel sur le site PriceMinister entraîne certaines obligations.

### L'inscription

Si votre statut légal correspond déjà à celui de professionnel, ou si vous avez fait toutes les démarches pour obtenir un statut *ad hoc*, vous pouvez vous signaler auprès des équipes commerciales de PriceMinister *via* les formulaires d'aide en ligne du site. Votre dossier sera alors pris en charge et vous recevrez toutes les explications nécessaires.

Vous devrez notamment créer un nouveau compte sur PriceMinister. Le pseudo choisi ne devra correspondre à aucun nom de société ou de marque existante (marque blanche).

Vous devrez communiquer les informations suivantes :

- votre nom ;
- l'adresse à laquelle sera exercée l'activité ;
- le numéro de SIREN ;

- votre numéro de téléphone ;
- votre adresse e-mail ;
- la nature exacte des produits que vous souhaitez vendre ;
- la taille du stock.

Depuis le 1er juin 2010, PriceMinister s'est aligné sur le fonctionnement de la plupart des places de marché dans le monde et demande à ses vendeurs professionnels de payer un abonnement. Celui-ci est fixé, à la date où ce livre est écrit, à 19,99 € hors taxes. PriceMinister explique que cette évolution a pour but de se donner les moyens de réaliser de nombreux développements destinés à améliorer l'efficacité de la plateforme (nouvelle navigation boutique, suggestions panier) avec à la clé plus de visites converties et donc plus de ventes réalisées pour les vendeurs professionnels. D'autres fonctionnalités sont prévues pour 2010 et 2011 : personnalisation de la boutique, possibilité de récupérer son inventaire en temps réel, outils d'alignement de prix, statistiques de visites sur fiches-produits, web services... De nombreuses optimisations qui permettront de gérer au mieux votre boutique PriceMinister pour maximiser vos revenus et optimiser votre investissement temps sur le site.

## Les règles de la vente pro

Dans le cadre de ventes sur PriceMinister, le vendeur professionnel est soumis à un ensemble d'obligations édictées par le Code de la consommation en matière de vente à distance.

De plus, vous devrez également respecter certains engagements comme :

- offrir un droit de rétractation aux acheteurs particuliers et fournir une facture mentionnant l'existence d'une garantie pour les produits que vous proposez ;
- accepter au minimum 95 % des commandes qui vous sont soumises ;
- traiter ces commandes au maximum sous 2 jours ouvrables ;
- mettre à jour en permanence votre inventaire ;
- expédier les produits commandés dans les 2 jours ouvrables suivant l'acceptation de la commande ;
- répondre aux e-mails du service client dans un délai de 2 jours ouvrables ;
- ne mentionner aucune information permettant à l'acheteur de vous identifier (nom, e-mail, site internet, coordonnées, etc.) dans votre pseudo, vos annonces, fiches-produits, questions/réponses, photos... ;

- n'inclure dans vos expéditions aucun document promotionnel visant à ce que l'acheteur puisse vous passer directement commande ;
- respecter les réglementations et lois en vigueur ainsi que les règles éthiques et de bonne conduite à l'égard des autres vendeurs du site.

## → Les avantages des vendeurs professionnels

Heureusement, il n'y a pas que des obligations dans le statut de vendeur professionnel (encore qu'elles sont prévues pour votre bien !). De nombreux avantages vont vous permettre de développer votre activité.

### Suivi personnalisé

Un gestionnaire de compte ainsi qu'un service client dédiés aux vendeurs pro sont à votre écoute et vous accompagnent afin de vous aider à développer vos ventes.

### La vente « neuf »

Seuls les vendeurs professionnels ont le droit de vendre un article dans l'état « neuf ». Il s'agit d'un avantage considérable car PriceMinister attire des publics variés et n'est plus synonyme seulement de site de vente d'occasion.

Les annonces en état neuf apparaissent dans une couleur différente (violet) et peuvent être filtrées séparément des autres.

### La commission

Si votre offre apporte un vrai plus au site en termes d'originalité et surtout de prix, vous pourrez essayer de négocier de meilleures conditions que celles dont bénéficient les particuliers.

### Service d'importation de données

Si vous avez un stock important à mettre en ligne (plusieurs milliers d'annonces), vous pourrez entrer en contact avec les équipes techniques afin de procéder à des importations automatiques de données. Ce service est gratuit, mais il peut y avoir un peu d'attente avant la mise en place.

Vous pouvez faire de la création de produit et/ou d'annonces dans différents modes (entrée/sortie, écrasement, etc.).

Un compte FTP peut également être mis à votre disposition ainsi qu'un système de commande automatisé.

À noter : depuis juin 2010, des web services permettent d'envoyer des fichiers d'import et de gérer les exports d'inventaire.

## La vente multipays

Si vous le souhaitez, si c'est possible et si cela a de l'intérêt, vous pouvez mettre en place votre offre sur les différents sites PriceMinister : France, Royaume-Uni, Espagne.

Cela peut vous permettre de développer votre chiffre d'affaires avec un minimum d'effort, surtout si vous utilisez le service d'importation de données.

## Les mises en avant

Une fois enregistré en tant que vendeur professionnel, votre login sera suivi de l'indication « (pro) », ce qui permettra à chaque acheteur de vous distinguer comme tel.

De plus, si vous avez des prix intéressants à proposer (déstockage, arrivage...), les équipes commerciales pourront vous associer aux newsletters envoyées par le site à ses acheteurs. Ces newsletters sont généralement doublées d'une mise en avant sur la page d'accueil du site, ce qui garantit une bonne promotion de votre offre.

# 5 Les services

Le système d'achat-vente du site PriceMinister ne serait pas complet sans une panoplie de services qui facilitent les transactions.

Nous allons présenter maintenant les principaux services, avec le détail de leur utilisation.

## Le porte-monnaie virtuel

Le porte monnaie virtuel est un service unique dans le e-commerce en France. Il s'agit d'un service de base du site. Vous n'avez pas à payer quoi que ce soit pour pouvoir l'utiliser.

Il s'agit d'un vrai porte-monnaie : vous pouvez y ajouter de l'argent et utiliser cet argent pour payer vos achats, ou récupérer cet argent si vous en avez envie.

### → Présentation du porte-monnaie virtuel

Le porte-monnaie virtuel est une réserve d'argent qui sert à effectuer des achats sur le site de PriceMinister.

Au moment de payer vos achats, vous pouvez régler la commande avec votre porte-monnaie virtuel, à condition que celui-ci soit suffisamment alimenté.

Pour être utilisable, le porte-monnaie virtuel doit donc être préalablement alimenté. Ceci peut être fait par chèque, par virement depuis votre compte bancaire ou, si vous êtes vendeur sur le site, en y transférant le fruit de vos ventes.

Toutes ces opérations sont réalisables depuis la rubrique « Mon porte-monnaie virtuel » de votre compte, qui comporte également une aide détaillée mise à votre disposition pour vous en expliquer le fonctionnement.

## → Utiliser le porte-monnaie virtuel

Voici les indications qui vous permettront de tirer le meilleur parti du porte-monnaie virtuel.

### Initialiser le porte-monnaie virtuel

Pour avoir un porte-monnaie virtuel, il est indispensable d'avoir un compte PriceMinister. Si vous n'en avez pas encore ouvert un, vous devez commencer par vous inscrire.

Accédez ensuite à la rubrique « Mon porte-monnaie virtuel » de votre compte. Dans le cadre d'une première utilisation de votre porte-monnaie virtuel, il vous sera demandé de saisir votre date de naissance. Ne vous trompez pas, cette date vous sera demandée lors de chaque opération liée à votre porte-monnaie virtuel. Il est donc très important que vous rentriez la bonne information.

Une fois que vous avez pris connaissance et accepté les conditions d'utilisation, il ne vous reste plus qu'à alimenter le porte-monnaie virtuel pour commencer à l'utiliser.

Pour plus d'informations quant aux fonctionnalités du porte-monnaie virtuel, consultez l'aide mise à votre disposition à la rubrique « Mon porte-monnaie virtuel » de votre compte.

### Alimenter le porte-monnaie virtuel par chèque, virement ou carte bancaire

Le porte-monnaie virtuel peut être crédité (ou alimenté) de plusieurs façons : par chèque ou par virement direct sur le compte de PriceMinister.

Si vous êtes vendeur sur PriceMinister, une autre façon de créditer le porte-monnaie virtuel est d'y verser directement le fruit des ventes que vous avez réalisées sur le site. Si vous n'êtes pas encore vendeur, c'est peut-être une bonne raison supplémentaire de vous y mettre. Plus de détails sur cette fonctionnalité sont apportés dans la section suivante.

Rendez-vous dans la rubrique « Mon porte-monnaie virtuel » de votre compte et suivez les instructions. Si vous choisissez de créditer votre porte-monnaie virtuel par chèque ou virement, il vous sera demandé de suivre une procédure bien précise et d'envoyer certains documents avec votre paiement. Vous devez respecter scrupuleusement ces instructions, gages de la sécurité du système.

Attention ! Alimenter son porte-monnaie virtuel est indépendant de la commande. Une fois votre porte-monnaie virtuel crédité, vous devez effectuer vous-même la commande en sélectionnant l'objet souhaité et en passant en caisse.

Vous pourrez suivre sur votre compte l'avancement de vos demandes de crédit jusqu'à ce que l'argent apparaisse dans votre solde disponible. Les montants sont crédités sur votre porte-monnaie virtuel dès qu'ils sont encaissés par PriceMinister. Vous êtes alors averti par e-mail.

### Alimenter le porte-monnaie virtuel par le fruit de vos ventes

La totalité de vos ventes payables est automatiquement transférée sur votre porte-monnaie virtuel le 1er, le 10 et le 20 de chaque mois.

Rappel : une vente est considérée payable une fois qu'elle a été déclarée reçue par l'acheteur. Si l'acheteur oublie de confirmer la réception, la vente devient payable le 20 du mois qui suit la date de la vente (par exemple le 20 décembre pour une vente du 8 novembre).

Afin de disposer du fruit de vos ventes encore plus rapidement, vous pouvez transférer instantanément l'argent de vos ventes payables sur votre porte-monnaie virtuel PriceMinister. Pour cela, rendez-vous dans la rubrique « Mon porte-monnaie virtuel » de votre compte, et cliquez sur « Transférer immédiatement mes ventes payables sur mon porte-monnaie virtuel ». Le montant est alors instantanément ajouté à votre « solde disponible ».

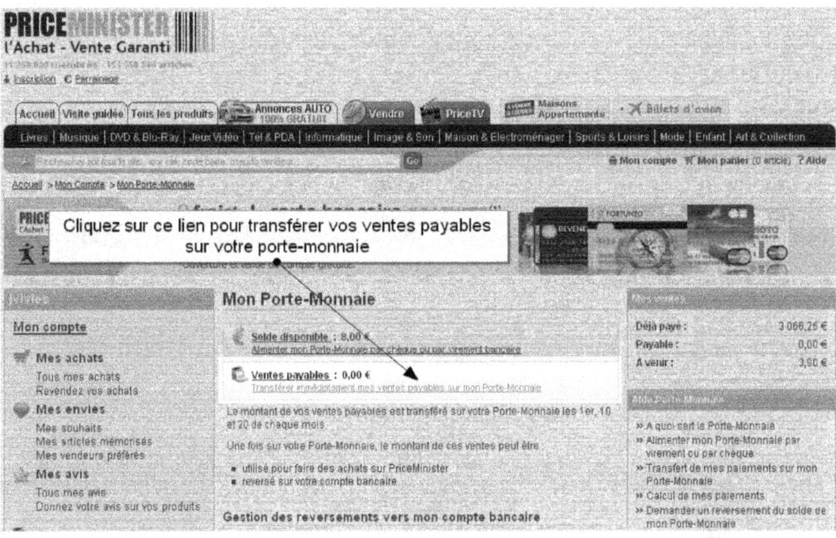


Porte-monnaie virtuel – le lien de transfert des ventes payables

Dans le cadre d'une première utilisation de votre porte-monnaie virtuel, il vous sera demandé de saisir votre date de naissance. Ne vous trompez pas, cette date vous sera demandée lors de chaque opération.

Pour plus d'informations ainsi qu'un historique de vos paiements, consultez la rubrique « Mes paiements » de votre compte.

Vous retrouverez l'ensemble des opérations liées à votre porte-monnaie virtuel, ainsi qu'une aide et des explications supplémentaires, dans la rubrique « Mon porte-monnaie virtuel » de votre compte.

Attention, vous ne pouvez transférer que la totalité de vos ventes payables sur votre porte-monnaie virtuel PriceMinister. Il n'est pas possible de n'en transférer qu'une partie. Cependant, vous êtes libre de demander à tout moment le reversement de tout ou partie du solde de votre porte-monnaie virtuel, par chèque ou par virement.

Pour en savoir plus sur la possibilité de débiter votre porte-monnaie virtuel, voir la page 153.

## Acheter avec le porte-monnaie virtuel

Une fois que votre porte-monnaie virtuel est alimenté (ou approvisionné), vous pouvez l'utiliser immédiatement pour effectuer des achats sur PriceMinister.

Au moment de payer, vous aurez le choix entre payer par carte bancaire ou utiliser votre porte-monnaie, à condition bien sûr que celui-ci soit suffisamment approvisionné. Si le solde n'est pas suffisant pour régler votre commande, il vous sera également possible de payer le complément par carte bancaire.

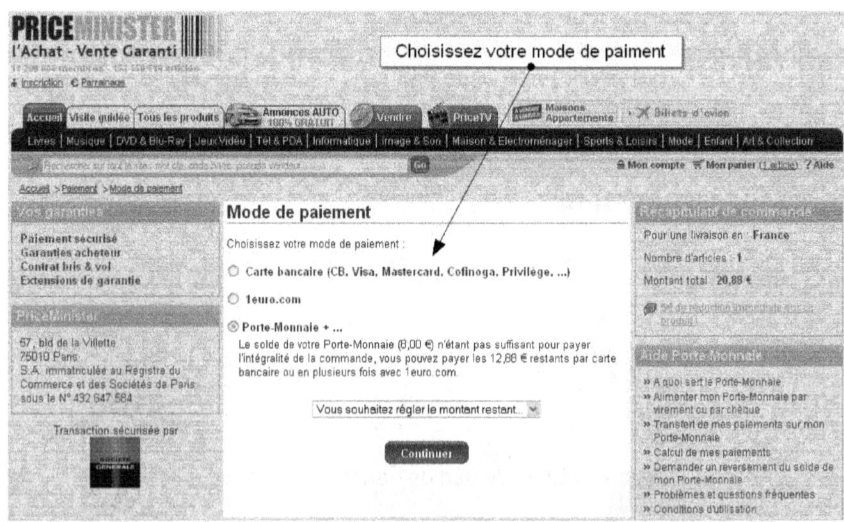


Le choix du mode de paiement

Si vous choisissez de payer avec votre porte-monnaie virtuel, il vous sera demandé de rentrer à nouveau votre date de naissance et votre mot de passe PriceMinister.

Si tout ou partie de la commande est annulée par le ou les vendeurs, seule la partie correspondant aux articles confirmés sera prélevée.

### Effectuer un reversement (récupérer l'argent du porte-monnaie virtuel)

Le porte-monnaie virtuel PriceMinister n'est pas un compte bancaire et ne doit pas être utilisé comme tel ; il est conseillé de n'y déposer que de l'argent que vous avez effectivement l'intention d'utiliser pour acheter sur le site.

Si vous avez trop versé ou que vous révisiez à la baisse vos intentions d'achat sur PriceMinister, vous pouvez cependant à tout moment, et sans frais, décider de reverser tout ou partie du porte-monnaie virtuel par chèque ou sur votre compte bancaire sans avoir à vous justifier sur vos motivations.

Pour des raisons de sécurité, il vous sera redemandé votre date de naissance et votre mot de passe.

Les reversements par virement sont effectués tous les 10 jours. Les reversements par chèque bancaire sont émis le 20 du mois.

Pour un reversement plus simple et plus rapide du solde du porte-monnaie virtuel, il est recommandé d'utiliser le virement bancaire (10 jours maximum pour un virement contre 37 jours pour un chèque).

Une seule demande de débit peut être prise en compte à la fois. Si vous souhaitez effectuer un second débit alors qu'une première demande est déjà en cours, il faudra soit attendre que le premier soit réalisé, soit l'annuler.

De même, il n'est pas possible de créditer le porte-monnaie virtuel si une demande de débit est en cours. Si vous ne souhaitez pas vider le porte-monnaie virtuel mais au contraire le créditer, il vous faudra annuler la demande de débit en cours.

Les demandes de débit ou de crédit peuvent être annulées directement par vos soins depuis votre compte tant qu'elles n'ont pas encore été exécutées. Dans ce cas, les pièces reçues ou à recevoir qui s'y rattachent seront détruites et considérées comme nulles.

### Fermeture définitive du porte-monnaie virtuel

Le porte-monnaie virtuel est un outil nécessaire au fonctionnement de votre compte. Il va vous permettre, par exemple, de recevoir facilement d'éventuels remboursements, il n'est donc pas possible de le fermer définitivement.

Si vous avez un solde disponible que vous souhaitez récupérer dans sa totalité, demandez un débit total à partir de la rubrique « Mon porte-monnaie virtuel ».

## → Résoudre les éventuels problèmes rencontrés avec le porte-monnaie virtuel

Si vous êtes confronté à un problème lors de votre utilisation du porte-monnaie virtuel, consultez les indications qui suivent.

### Alimentation du porte-monnaie virtuel

Voici les différents cas possibles de problèmes lors de l'alimentation du porte-monnaie virtuel.

#### Vous avez fait une demande de crédit par chèque ou virement, mais elle n'apparaît plus

Il est possible que vous ayez effectué toutes les étapes de la procédure sauf la dernière : cliquer sur le bouton « Valider » en bas de page.

À la réception de votre courrier (chèque + bordereau signés), PriceMinister sera en mesure de retrouver cette transaction, à condition que vous ayez obtenu un numéro d'opération. Dans ce cas, PriceMinister traitera la transaction normalement. Vous en serez alors prévenu par e-mail.

En cas de crédit par virement, PriceMinister pourra retrouver cette transaction si vous avez bien indiqué le numéro d'opération à votre banque.

#### Vous souhaitez annuler une demande de crédit

Si vous avez fait une demande de crédit par chèque ou par virement et que vous désirez l'annuler, allez dans la rubrique « porte-monnaie virtuel » de votre compte puis cliquez sur la ligne correspondante. Vous aurez alors la possibilité d'annuler la demande.

Si vous avez déjà envoyé le chèque, PriceMinister sera averti de l'annulation au moment de l'enregistrement. Le chèque sera alors détruit.

En cas de crédit par virement, il ne sera pas possible de l'annuler si vous avez déjà effectué la demande auprès de votre banque.

### Vous avez fait un transfert de vos ventes et vous voudriez faire machine arrière

Au moment où les ventes sont transférées sur le porte-monnaie virtuel, le montant correspondant à toutes les ventes payables à cet instant est transféré sur votre porte-monnaie virtuel. Les articles correspondants sont donc considérés comme payés.

En particulier, l'opération de mandat qui définit juridiquement la transaction est clôturée. Le service de PriceMinister (commission) est alors facturé sur cette base et un numéro de facture est généré dans la comptabilité du système. Pour cette raison, il n'est pas possible de revenir en arrière lorsqu'un transfert a été effectué.

En revanche, vous pouvez à tout moment et sans frais disposer de l'argent qui vous appartient sur le porte-monnaie virtuel et en particulier demander un reversement total ou partiel par chèque ou par virement. Pour cela, allez dans « Mon porte-monnaie virtuel » et suivez les instructions.

## Lors d'un achat

Voici quoi faire si vous rencontrez un problème avec le porte-monnaie virtuel lors d'un achat.

### Le système ne reconnaît pas ma date de naissance

Pour toute opération liée au porte-monnaie virtuel (débit, crédit, achat), il vous sera demandé de saisir, en plus du mot de passe de votre compte PriceMinister, votre date de naissance.

La date de naissance que vous avez entrée lors de la première utilisation du porte-monnaie virtuel sert à déterminer que vous en êtes l'utilisateur légitime. Contrairement à un mot de passe, la date de naissance ne peut pas s'oublier. Par mesure de sécurité, PriceMinister ne pourra en aucune circonstance communiquer cette information par e-mail. Pour cette raison, il est clairement demandé d'indiquer la date exacte au moment de la saisie de cette information.

Il peut arriver cependant de faire une erreur de frappe et, dans ce cas la date enregistrée doit être voisine de votre date de naissance réelle. Pour que PriceMinister puisse faire la correction, vous devrez contacter le SAV en utilisant un formulaire spécifique disponible dans les pages d'aide du site.

Dans votre demande, n'oubliez pas de préciser votre pseudo, vos nom et adresse complets ainsi que votre date de naissance et un numéro de téléphone où vous pouvez être joint.

Si votre date de naissance réelle est trop éloignée de la date enregistrée sur votre porte-monnaie virtuel, PriceMinister vous demandera alors d'envoyer des pièces justificatives prouvant qu'il s'agit bien de votre compte.

Ces informations sont nécessaires au traitement de vos ventes et achats sur le site. Conformément à la loi du 6 janvier 1978 modifiée vous disposez d'un droit d'accès, de rectification et d'opposition aux informations vous concernant qui peut s'exercer à tout moment.

### Mon achat n'apparaît pas dans mon porte-monnaie virtuel

Si vous avez effectué un achat en payant avec votre porte-monnaie virtuel et que cet achat a été par la suite annulé en totalité par le vendeur, la transaction disparaît. Le solde disponible de votre porte-monnaie virtuel intègre à nouveau le montant correspondant et vous pouvez à nouveau passer commande auprès d'un autre vendeur.

Vous avez dû recevoir un e-mail intitulé « Bilan de votre commande » vous expliquant tout cela. Si ce n'est pas le cas, l'adresse e-mail que vous avez entrée sur le site est peut-être erronée. Pour la vérifier et la corriger si nécessaire, allez dans la rubrique « Mes informations » de votre compte.

Si cette adresse est bien correcte, veuillez vous assurer que les e-mails que PriceMinister vous envoie ne sont pas considérés comme « messages indésirables » par un éventuel anti-spam, ou par votre logiciel de messagerie (voir la page 32).

### Le paiement est « finalisé » alors que vous n'avez rien reçu

Les informations contenues dans le porte-monnaie virtuel se réfèrent simplement aux opérations de crédit et de débit sur le porte-monnaie virtuel, et non à l'état des commandes concernées. Par exemple, si vous commandez un article à un vendeur et que vous payez avec votre porte-monnaie virtuel, une ligne apparaîtra pour ce paiement, dans l'état « En attente ». Dès que le vendeur aura validé la commande, le paiement apparaîtra comme « Finalisé » dans votre porte-monnaie virtuel car, *a priori* et sauf problème, ce montant ne sera plus utilisable.

En revanche, la commande en question apparaîtra comme « En cours » dans la rubrique « Mes achats » jusqu'à ce que vous validiez la réception (dans les 6 semaines suivant la date de commande).

Il est donc normal que le paiement apparaisse comme « Finalisé » dans votre porte-monnaie virtuel bien que vous n'ayez pas encore reçu votre commande. Cela ne remet nullement en cause vos garanties, que vous pouvez faire valoir en allant dans « Notez vos vendeurs » ou « Mes achats ».

## Le reversement

Voici les questions couramment relevées au sujet des reversements à partir du porte-monnaie virtuel.

### Vous avez fait une demande de débit mais elle n'apparaît plus

Il est possible que vous ayez effectué toutes les étapes de la procédure sauf la dernière : cliquer sur le bouton « Valider » en bas de page.

À réception de votre courrier, nous serons en mesure de retrouver cette opération et de la traiter normalement, du moment que vous avez obtenu un numéro d'opération. Vous en serez alors prévenu par e-mail.

### Vous voudriez faire une autre/seconde demande de débit

La date à laquelle doit être effectué votre reversement est indiquée dans la rubrique « Mon porte-monnaie virtuel » de votre compte. Il n'est pas possible d'effectuer une nouvelle demande de reversement depuis votre porte-monnaie virtuel si la précédente n'est pas finalisée ou supprimée.

Si la date de traitement de votre reversement n'est pas dépassée, nous vous recommandons :

- dans le cas d'un reversement ponctuel, d'annuler votre précédente demande de reversement puis d'en effectuer une nouvelle à votre convenance ;
- dans le cas d'un reversement régulier, d'en modifier la configuration.

Pour cela, rendez-vous dans la rubrique « Mon porte-monnaie virtuel » de votre compte. Pour information :

- Les reversements par virement sont effectués le 1er, le 10 et le 20 de chaque mois.
- Les reversements par chèque sont traités le 20 de chaque mois.

La finalisation de ces opérations peut demander un délai allant de 2 à 3 jours. Durant cette période, il est possible que vous ne puissiez réaliser une nouvelle demande de reversement. Vous devrez alors patienter, le temps que votre reversement soit finalisé.

## Les délais d'approvisionnement et de débit du porte-monnaie virtuel

Pour suivre l'état d'avancement d'une opération, rendez-vous dans la rubrique « Mon porte-monnaie virtuel » de votre compte et cliquez sur l'opération concernée.

Le jour même de la réception de votre chèque, l'opération est enregistrée dans le système et vous êtes automatiquement averti par e-mail. Les chèques reçus sont transmis quotidiennement à la banque. Sitôt l'encaissement confirmé, PriceMinister verse immédiatement l'argent sur votre porte-monnaie virtuel et vous envoie un e-mail pour vous prévenir.

Une demande de virement doit, quant à elle, être traitée par votre banque, et le paiement transmis sur le compte de PriceMinister. Tous les jours les virements reçus sont pris en compte et PriceMinister verse immédiatement l'argent sur votre porte-monnaie virtuel et vous envoie un e-mail pour vous prévenir.

Si la transaction apparaît toujours en attente, c'est que PriceMinister n'a pas encore reçu votre virement ou votre chèque. Il est donc inutile de les contacter pour vérifier.

Compte tenu du week-end, des jours fériés et du temps de traitement par la banque, il peut donc s'écouler jusqu'à 5 jours entre la réception de votre chèque ou de votre virement et le moment où l'argent est ajouté au solde disponible de votre porte-monnaie virtuel.

Pour information :

- la finalisation d'un remboursement peut prendre jusqu'à 48 heures dans le cas de recherches complémentaires ;
- le crédit par chèque de votre porte-monnaie virtuel nécessite la réception chez PriceMinister de votre chèque, l'envoi de ce chèque à la banque de PriceMinister et son encaissement. Ceci prend entre 3 et 6 jours ;
- le crédit par virement, quant à lui, ne prend pas plus de 2 jours ouvrés ;
- le débit par chèque de votre porte-monnaie virtuel est effectué le 20 du mois en cours (par exemple le 20 mars pour une demande au 15 mars, le 20 avril pour une demande au 25 mars). Le chèque envoyé vous sera alors remis par La Poste dans les 10 jours ouvrés suivant cette date ;
- le débit par virement de votre porte-monnaie virtuel est calculé le 1er, le 10 et le 20 de chaque mois. Il faut ensuite compter entre 3 et 10 jours entre la finalisation du virement et l'apparition du montant sur votre compte bancaire. Ce délai comprend les vérifications effectuées par PriceMinister, les éventuels week-ends et le temps de réaction de votre banque.

N'hésitez pas à vous rapprocher de votre banque (dans le cas d'un virement) ou de votre bureau de poste (pour un chèque) pour le cas où les délais indiqués ci-dessus viendraient à être dépassés.

## Les garanties

Le site PriceMinister propose plusieurs degrés de garantie. Les garanties fondamentales qui protègent la transaction sont obligatoires et gratuites. Il existe aussi des garanties optionnelles que vous devrez payer en sus de votre commande si vous désirez en bénéficier.

### → Garanties gratuites

Ces garanties sont une condition *sine qua non* du bon fonctionnement du site. Aussi, elles ne sont pas contournables et sont appliquées de façon très rigoureuse.

#### Bonne réception et conformité

PriceMinister garantit la bonne réception de votre commande et la conformité de son état avec sa description par le vendeur. L'objectif est que le principe de fonctionnement de PriceMinister élimine à lui seul tout risque d'abus de la part de vendeurs indélicats. En effet, les achats se déroulent en 4 étapes :

1. Vous passez commande.
2. Le vendeur valide la vente et s'engage à vous livrer.
3. PriceMinister débite votre carte bancaire.
4. PriceMinister paye le vendeur quand vous recevez l'article.

Ainsi, le vendeur n'est payé que si vous recevez l'article commandé.

Afin de rassurer au maximum les acheteurs et les vendeurs, PriceMinister s'engage spécifiquement sur la garantie de bonne réception : vous êtes assuré de recevoir l'article commandé tel qu'il était décrit dans l'annonce du vendeur. Si vous rencontrez un problème (article différent, abîmé, incomplet ou non reçu) le service client de PriceMinister prend en charge le litige et doit trouver une solution pour obtenir du vendeur l'échange de l'article ou, si cela n'est pas possible, le remboursement intégral de votre commande.

### Cellule anti-contrefaçon

PriceMinister dispose depuis 2006 d'une cellule destinée à protéger ses acheteurs de la contrefaçon. Il s'agit d'une garantie importante afin d'assurer un maximum de confiance dans le déroulement des achats. Reportez-vous au chapitre I pour plus d'information à ce sujet.

## → Le contrat « Bris & Vol » (CBV)

Le contrat « Bris & Vol » (CBV) constitue une garantie supplémentaire qui va assurer votre achat après que vous l'ayez reçu.

### Présentation du CBV

Il est possible de souscrire, lors de votre commande, un CBV qui vous protège 30 jours après la livraison de l'article commandé. En choisissant ce contrat, vous assurez les articles éligibles de votre commande contre le bris (affectant la bonne utilisation de votre produit) et le vol.

Ainsi, en cas de bris ou de vol, votre produit vous sera intégralement remboursé (valeur du produit hors frais de port).

La valeur du CBV est calculée comme cela : (valeur des produits éligibles de la commande (hors frais de port)) × X % + une somme forfaitaire par produit éligible de la commande (avec des valeurs différentes selon les catégories).

Ce contrat est valide à partir du moment où vous avez été livré (ou par défaut, 3 jours après la date de votre commande) et vous protège pendant 30 jours.

Nous vous conseillons de bien lire les conditions générales de vente du CBV, dont vous pouvez télécharger la notice d'utilisation au format PDF : http://cot.priceminister.com/res/pic/0/www/www/32669/notice_information_cbv.pdf.

### Déclaration de sinistre

Pour être enregistrée, votre déclaration de sinistre doit impérativement correspondre aux critères d'éligibilité tels que définis dans le cadre du Contrat « Bris & Vol ».

#### Le sinistre doit avoir lieu dans les 30 jours après la date de réception de l'article

La garantie prend effet à partir de :

- la date de réception, sur présentation d'un accusé de réception, d'un bordereau signé de livraison ou du cachet de la poste sur l'emballage ;

- 3 jours après la date de confirmation de la commande par le vendeur si aucun justificatif ne peut être produit.

La garantie prend fin au plus tard 30 jours après la date de réception.

**Le sinistre doit être consécutif à un bris accidentel ou un vol caractérisé**

S'entend par « bris accidentel » tout cas dans lequel l'article ne fonctionne plus suite à un accident. Ne pourront être enregistrées les demandes, où le dysfonctionnement observé résulte notamment d'une usure normale, d'un vice propre de l'article, du non-respect des conditions d'utilisation préconisées par le fabricant ou le distributeur, d'une faute intentionnelle de la part de l'acheteur ou d'un de ses proches.

S'entend par « vol caractérisé » tout vol avec effraction des locaux ou tout vol avec agression de l'acheteur. Ne pourront être enregistrées les demandes, où la disparition de l'article reste inexpliquée, perte ou vol consécutif à une faute de l'acheteur.

## → L'extension de garantie

En complément de votre article, PriceMinister vous propose une extension de garantie :

- Réparation : changement des pièces et main-d'œuvre compris.
- Transport : frais d'enlèvement et de retour couverts.

Les tarifs au moment de l'impression de cet ouvrage sont de 12,90 € pour 24 mois ; 11,11 € pour 12 mois et 9,32 € pour 6 mois. Dans le cas où vous souhaiteriez bénéficier de votre extension de garantie suite à une panne de l'article acheté, votre déclaration de sinistre doit impérativement correspondre aux critères d'éligibilité tels que définis dans la notice d'information correspondante.

Le sinistre doit avoir eu lieu au cours de la période choisie pour votre extension de garantie (6, 12 ou 24 mois). Celle-ci prend effet dès confirmation de la réception de l'article, ou à défaut 6 semaines après la date de la commande.

Le sinistre doit être consécutif à une « panne » (ou dysfonctionnement) de l'article en question, empêchant son utilisation dans des conditions normales telles que décrites par le constructeur. Cette panne doit être intervenue dans les jours suivant la réception de l'article en bon état de fonctionnement.

Nous vous rappelons que si vous recevez un article inutilisable dès son déballage du colis, il vous est recommandé d'enregistrer une réclamation auprès de PriceMinister.

## Les newsletters

Les newsletters de PriceMinister sont pour vous l'opportunité d'être tenu informé des meilleures affaires à réaliser, de recevoir des conseils vous facilitant l'utilisation du site, etc. Il en existe dans plusieurs domaines : culturel, high-tech, etc. Si vous l'acceptez, les partenaires de PriceMinister vous feront aussi découvrir leurs meilleures offres par e-mail.

Exemple de newsletter envoyée par le site PriceMinister

Si toutefois vous ne souhaitez plus recevoir ces e-mails, il est possible de s'en désabonner complètement : rendez-vous dans la rubrique « Mes abonnements » de votre compte, cochez ou décochez les offres que vous souhaitez recevoir ou non, puis cliquez sur « Valider ».
Au bas de cette même page, un lien vous permet de nous indiquer si vous souhaitez ne plus recevoir aucun message à caractère publicitaire.

## Les avis

Tous les PriceMembers peuvent participer à ce service et donner leur avis sur des produits. L'ensemble de ces informations va permettre aux futurs acheteurs de mieux se repérer et de faire de meilleurs choix parmi tous les produits proposés.

### ➔ Ne pas confondre : avis, questions-réponses produit, questions-réponses annonce

Trop d'utilisateurs confondent ces trois fonctionnalités, voici ce qui les distingue :

- Les avis sont des opinions sur les produits. Il s'agit de quelque chose de subjectif. Par exemple : « J'ai aimé ce produit car il est très ergonomique et peu bruyant », ou « J'ai adoré ce film car il défend telle ou telle idée ».
- Les questions-réponses produit sont des échanges entre PriceMembers à propos d'éléments objectifs concernant les produits. Par exemple : « Ce téléviseur est-il compatible avec tel ou tel standard ? », ou « Cet appareil photo est-il pourvu d'un système de stabilisation ? ».
- Les questions-réponses annonce sont destinées à un vendeur en particulier, concernant une annonce en particulier. Par exemple : « Avez-vous bien ce produit en stock car j'en ai besoin très vite ? » ou « Qu'entendez-vous par « légèrement ébréché « ? ».

Reportez-vous à la page 66 si vous souhaitez voir une présentation complète des questions-réponses produit et annonce.

### ➔ Pourquoi et comment donner son avis sur un produit

En donnant votre avis sur un ou plusieurs produits proposés sur PriceMinister, vous aidez la communauté des utilisateurs du site à trouver les meilleurs articles. Les avis les plus pertinents seront ainsi mieux classés et donc plus visibles.

Il vous suffit de cliquer sur les liens « Donnez votre avis », présents dans les listes de produits ou sur chaque fiche-produit.

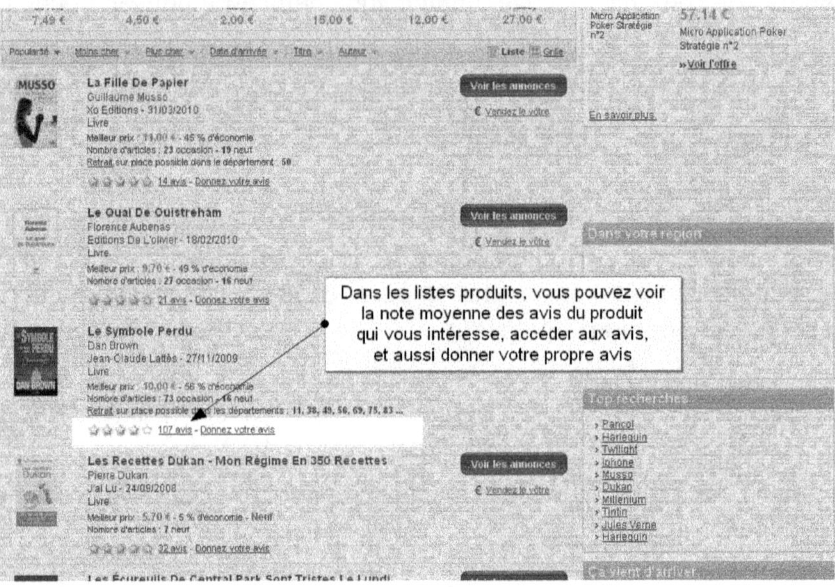


Les liens avis dans les listes de produits

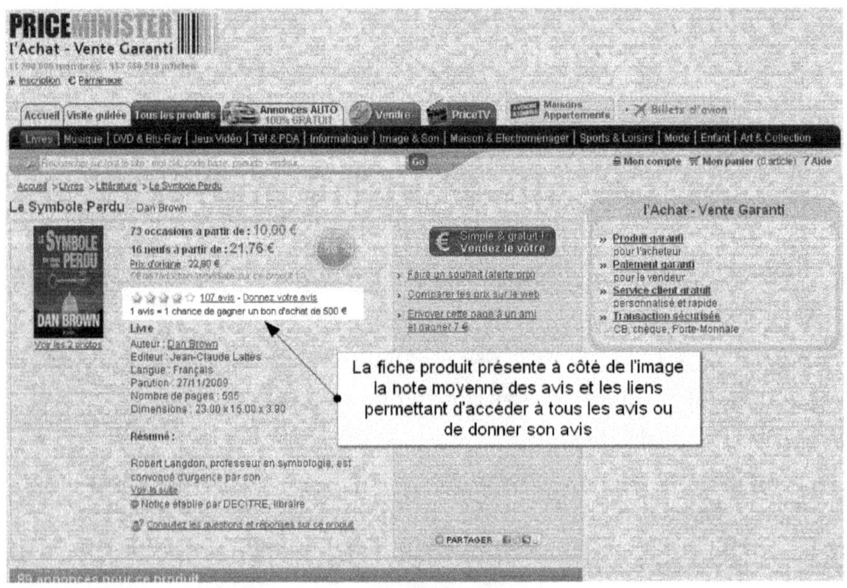


Le lien avis dans la fiche-produit

Vous pourrez ensuite noter le produit en question de 1 à 5 étoiles (5 étoiles étant la meilleure note possible) et ajouter un commentaire. Les visiteurs du site auront la possibilité d'indiquer s'ils ont trouvé votre avis utile ou non.

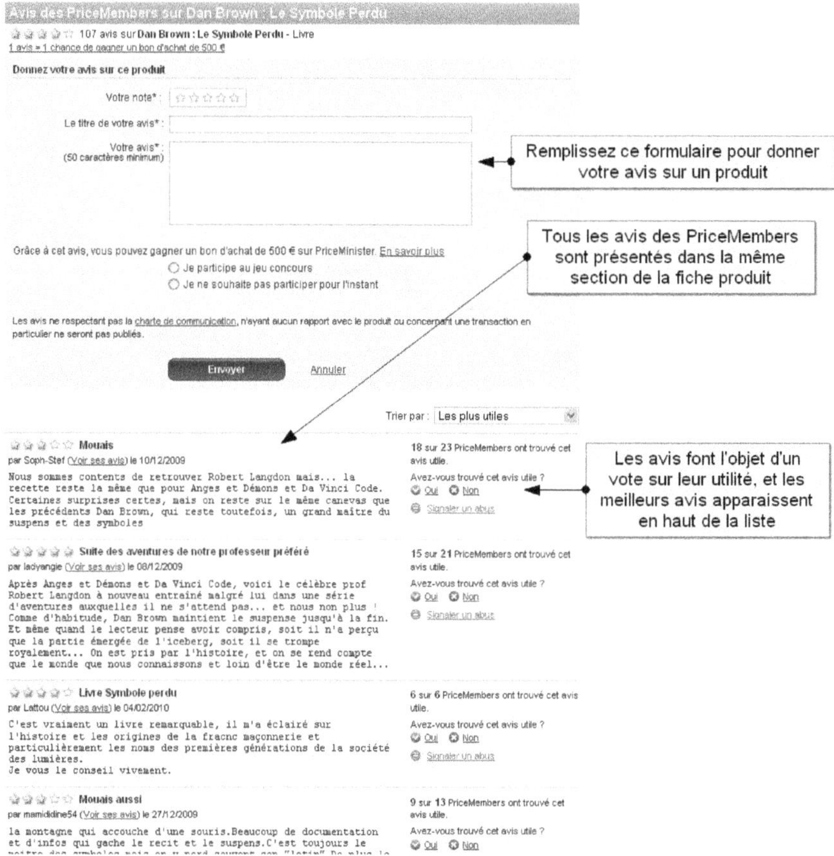


Le formulaire pour donner votre avis sur un produit

Attention, votre avis doit impérativement respecter la charte de communication établie par PriceMinister.

Pour pouvoir donner votre avis sur un produit, il vous faut obligatoirement posséder un compte sur le site et être connecté. Si ce n'est déjà fait, vous pouvez dès à présent vous inscrire sur PriceMinister.

La rubrique « Mes avis », accessible depuis votre compte, regroupe la totalité des avis que vous avez postés, du plus récent au plus ancien. Les autres Pricemembers peuvent également accéder à vos avis à partir de votre profil vendeur ou de la liste des avis d'une fiche-produit.

Page « tous les avis » d'un vendeur

## → Résoudre les problèmes éventuels rencontrés avec les avis

Voici les questions qui peuvent se poser lors de l'utilisation des avis.

### Mon avis n'apparaît pas ou est refusé

Dans l'heure suivant la création de votre avis, celui-ci ne sera visible que par par vous et uniquement dans la rubrique « Mes avis » de votre compte. Il est donc normal que vous ne puissiez pas voir votre avis sur la fiche-produit correspondante durant ce délai.

Par ailleurs, tout avis mis en ligne sur PriceMinister doit être en accord avec la charte de communication du site. Les avis susceptibles d'y contrevenir pourront donc faire l'objet d'une vérification par les services de PriceMinister avant d'être éventuellement supprimés.

Enfin, chaque utilisateur ne peut donner son avis qu'une seule fois par fiche-produit. Si vous essayez de poster un second avis pour un même produit, un message à l'écran vous indiquera que celui-ci est refusé pour ce motif.

## Comment modifier vos avis

Si vous considérez que votre avis sur un produit comporte une erreur (propos allant à l'encontre de la charte de communication, informations erronées sur le produit concerné...), vous pouvez le modifier à partir de la rubrique « Mes avis » de votre compte. Cliquez alors sur le lien « Modifier mon avis », à la droite du produit de votre choix.

Attention, toute modification de votre part pourra faire l'objet d'une vérification par les services de PriceMinister avant d'être publiée.

## Comment supprimer vos avis

La suppression d'un avis est possible sur demande auprès de PriceMinister, et ce à titre exceptionnel.

Pour cela, rendez-vous sur la fiche-produit sur laquelle est affiché votre avis. Cliquez ensuite sur le lien « Signaler un abus », présent à la droite de votre avis. Sélectionnez enfin la raison « Autre » dans le menu déroulant et décrivez très précisément le motif de votre requête en commentaire.

La vérification de votre requête peut prendre quelques jours. Dans cette attente, il est inutile de recontacter PriceMinister. En cas d'abus de votre part, l'utilisation de cette fonctionnalité pourra vous être bloquée.

## Comment signaler un problème sur un avis

Si vous constatez sur une fiche-produit la présence d'un avis allant à l'encontre de la charte de communication du site, et notamment :

- comportant des propos injurieux ou diffamatoires ;
- contenant des coordonnées de contact (e-mail, adresse, téléphone, etc.) ;
- traitant d'un produit différent ou d'une transaction en particulier ;
- évoquant l'annonce d'un vendeur en particulier et non le produit ;

vous avez la possibilité d'en avertir PriceMinister en cliquant sur le lien « Signaler un abus » présent à la droite de chaque avis affiché.

Sélectionnez alors la raison appropriée dans le menu déroulant et ajoutez un commentaire décrivant le motif de votre requête. Ce commentaire est indispensable afin de permettre à PriceMinister de constater le problème.

Vous devez posséder un compte sur PriceMinister et être connecté pour pouvoir signaler un abus (voir la page 55 pour l'inscription).

Toutefois, le fait de signaler injustement et de façon répétée des abus pourra entraîner pour vous la suspension de cette fonctionnalité.

# 6 Astuces & bons plans

Nous vous avons présenté les fonctionnalités et services de base de l'achat-vente qui sont souvent les plus connues.

Mais il existe aussi des fonctionnalités un peu moins utilisées qui peuvent vous permettre de gagner de l'argent. Elles ont généralement pour but de faire connaître le site PriceMinister en vous proposant des systèmes gagnant-gagnant.

## Le parrainage

Le parrainage est un bon moyen de gagner et faire gagner des coupons pour acheter sur le site.

### → Le principe du parrainage

Le programme de parrainage permet à un parrain d'offrir à des personnes qui ne connaissent pas encore PriceMinister des bons de réduction de 7 €, à valoir sur leur premier achat.

Chaque fois qu'un « parrainé » s'inscrit et réalise une première transaction, le parrain touche lui-même un bon d'une valeur équivalente (offre limitée à 100 coupons par parrain, soit tout de même 700 €). À partir de là, vous avez deux possibilités.

#### Vous souhaitez parrainer

Pour que le parrainage fonctionne correctement, vous devez utiliser le formulaire de parrainage prévu à cet effet et qui permet au système d'attribuer à coup sûr les bons coupons aux « parrainés » et parrains.

Pour accéder au formulaire de parrainage, le plus simple est de vous rendre sur la page d'accueil du site et de cliquer le lien « parrainez des amis » situé dans le bloc Pricemembers en haut à droite, ou bien de vous rendre sur une fiche-produit et de cliquer sur le lien « Envoyez cette page à un ami et gagnez 7 € ».

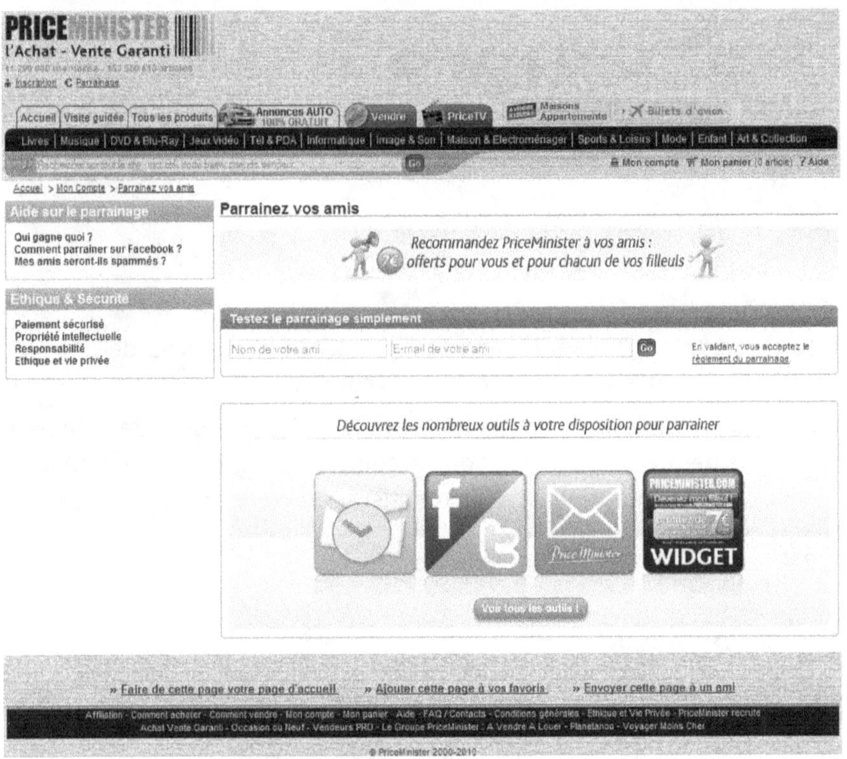


La page « Parrainez vos amis »

### Vous avez reçu une offre de parrainage

Lorsque vous recevez l'e-mail de parrainage avec le code du bon de réduction, pour en bénéficier, vous devez impérativement vous inscrire en indiquant l'e-mail sur lequel vous avez reçu l'offre. Si vous indiquez un autre e-mail, vous ne pourrez bénéficier du programme de parrainage.

Pour utiliser ce coupon, c'est très simple. Sélectionnez l'article que vous voulez acheter et, au moment de payer, indiquez le code secret dans le cadre « utiliser un coupon » sur la page où vous enregistrez votre adresse (voir la page 86 sur l'utilisation des coupons). C'est tout !

## → Quelques précisions

Voici quelques informations importantes concernant le parrainage.

### Sur l'utilisation des adresses e-mail par PriceMinister

Les adresses e-mail de vos amis sont utilisées dans le strict cadre de ce programme de parrainage, ils ne recevront donc pas d'e-mail non sollicités.

Les e-mails de parrainage sont envoyés à vos amis en votre nom et c'est votre adresse e-mail et votre nom qui apparaissent comme expéditeur. De cette manière, ils savent que cette offre leur a été envoyée par vous personnellement. S'ils répondent à cet e-mail, c'est vous qui en serez directement destinataire.

Pour voir le contenu du message qui leur est envoyé, allez sur le formulaire de parrainage et cliquez sur « Voir e-mail type ».

## Gérer sa liste de filleuls

Vous avez la possibilité à tout moment de supprimer, ajouter ou relancer un filleul, directement à partir de la rubrique « Mes filleuls » de votre compte.

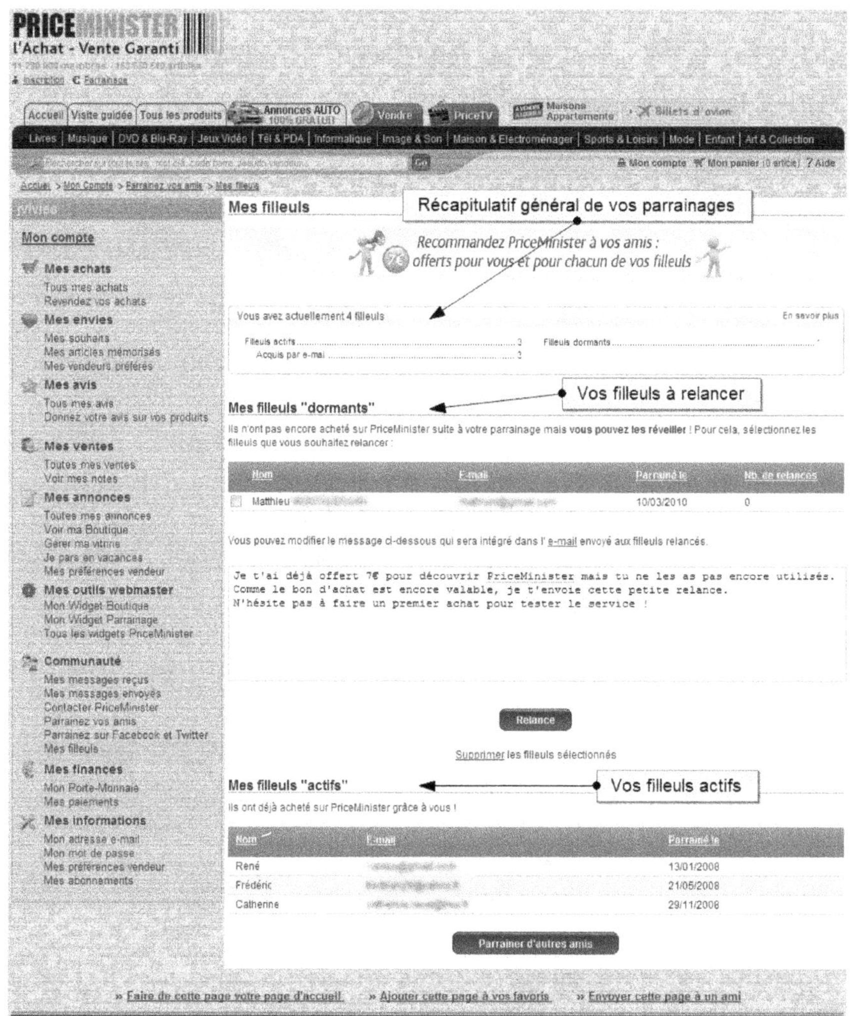


La page « Mes filleuls »

Attention, toute suppression est définitive ! Si un filleul effectue un achat après avoir été retiré de votre liste, vous ne pourrez pas bénéficier du bon d'achat de 7 €.

## Suivi des filleuls par PriceMinister

Lorsqu'ils reçoivent l'e-mail de parrainage, vos « parrainés » ont la possibilité de cliquer sur un lien qui les mène directement sur le site de PriceMinister où ils pourront s'inscrire.

La personne devra s'inscrire en indiquant l'adresse e-mail que vous avez enregistrée lors du parrainage. S'il saisit une autre adresse e-mail, vous ne pourrez pas bénéficier du programme de parrainage et il ne recevra pas son coupon de bienvenue. Il est donc impératif pour le filleul de préciser l'adresse e-mail sur laquelle il a reçu l'offre de parrainage.

Si vous vous contentez de parler de PriceMinister à vos amis et qu'ils s'inscrivent sans passer par l'e-mail de parrainage, ils ne pourront pas, non plus, bénéficier du coupon de filleul et vous du coupon de parrain. Cela dit, il n'est pas interdit de parler du site autour de vous :)

Dès que votre filleul aura réalisé son premier achat sur PriceMinister et que celui-ci aura été définitivement validé par le vendeur (c'est-à-dire lorsque votre filleul recevra son e-mail de bilan de commande), vous en serez informé par e-mail et vous recevrez votre coupon de parrain correspondant. Vous n'avez donc aucun suivi particulier à faire.

## On ne peut pas parrainer quelqu'un qui est déjà inscrit sur PriceMinister, mais...

Le but du programme de parrainage est de recruter de nouveaux membres recommandés par des membres déjà inscrits, qui viendront enrichir la communauté d'utilisateurs et contribuer ainsi à créer un environnement toujours plus sûr et efficace. Il n'est donc pas possible de parrainer quelqu'un qui est inscrit ou qui a déjà été parrainé depuis moins de 90 jours.

Attention, si l'adresse e-mail est déjà connue de PriceMinister, vous serez informé sur le champ que votre ami est déjà membre. S'il est inscrit avec une autre adresse e-mail, il ne pourra pas, le moment venu, utiliser son coupon de filleul. En effet, les contrôles ne portent pas uniquement sur les adresses e-mail (il serait trop facile de contourner le système...).

Il ne vous reste qu'à attendre l'expiration du délai de 12 mois pour pouvoir parrainer la personne.

### Quelques limitations évidentes

Tenter de se parrainer soi-même en utilisant une fausse identité est assimilé à de la fraude et est rigoureusement interdit.

PriceMinister rassemble une communauté d'utilisateurs de tous horizons souhaitant vendre et acheter entre eux dans un environnement sûr et fiable. Ses valeurs fondamentales sont l'honnêteté, la bonne foi et la bienveillance. Les activités de fraude sont donc incompatibles avec l'esprit du site et les conditions générales acceptées par tous les membres, et sont surveillées attentivement. Toute tentative de fraude démasquée entraîne systématiquement l'annulation des coupons parrains et filleuls déjà attribués (même ceux qui l'ont été dans les règles). PriceMinister se réserve par ailleurs le droit de fermer les comptes associés et d'exclure définitivement les auteurs de ces tentatives, qu'elles aient abouti ou non.

Le fait de parrainer des personnes existantes mais qui ne sont pas des utilisateurs potentiels autonomes (ses enfants, son voisin de palier non internaute, etc.) constitue également une forme d'autoparrainage et n'est donc pas autorisé.

Enfin, toute vente effectuée entre un parrain et son filleul sera refusée.

Parrainer des vrais nouveaux membres, cela rend service à tout le monde, c'est sans risque, et c'est finalement beaucoup plus simple.

## → Résoudre les éventuels problèmes rencontrés avec le parrainage

Si vous rencontrez un problème dans vos démarches de parrainage, consultez les indications qui suivent.

### Vous avez parrainé quelqu'un mais vous n'avez pas encore reçu votre coupon de parrain

Pour recevoir votre coupon de parrain, il faut que votre filleul ait passé une première commande et que celle-ci ait été validée par le vendeur. Cela peut prendre jusqu'à 3 jours ouvrables. Le coupon de parrain vous sera alors automatiquement envoyé.

### Votre commande de parrain a été annulée

Si l'utilisation de votre coupon de parrain a entraîné l'annulation de la commande, c'est que le système a détecté que votre filleul et vous-même avez des caractéristiques communes contraires au règlement du programme de parrainage. Pour rappel, ne peuvent être parrainés que des utilisateurs n'ayant jamais utilisé le service auparavant et qui sont totalement distincts et indépendants de leur parrain.

### Votre coupon de « parrainé » n'est pas reconnu

Si vous vous êtes inscrit sur PriceMinister et que vous avez entré une adresse e-mail différente de celle indiquée par votre parrain, vous ne serez pas reconnu comme filleul.

Pour bénéficier du parrainage, il faut absolument arriver sur le site pour la première fois en cliquant sur le lien présent sur l'e-mail de parrainage que vous avez reçu, et vous inscrire en indiquant l'adresse e-mail sur laquelle vous recevez l'offre.

Si vous ne vous êtes pas inscrit avec la bonne adresse e-mail, repartez de l'e-mail que votre parrain vous a envoyé, cliquez sur le lien puis créez un nouveau compte avec la bonne adresse e-mail. Votre coupon filleul devrait alors fonctionner.

### Votre commande de « parrainé » a été annulée

Si vous étiez déjà inscrit ou que vous aviez déjà effectué un achat sur PriceMinister avant d'être parrainé, ceci sera détecté par le système au cours de la première commande, laquelle sera annulée. Pour information, ne peuvent bénéficier du parrainage que des utilisateurs n'ayant jamais utilisé le service auparavant et qui sont totalement distincts et indépendants des autres membres.

# L'affiliation

L'affiliation s'adresse plutôt aux gestionnaires de sites web. C'est un moyen puissant de monétiser l'audience de vos sites qui consiste à envoyer du trafic à un autre site web contre rémunération.

## → Les principes de l'affilitation

Il est important de bien comprendre le cadre du fonctionnement de l'affiliation sur le site PriceMinister. En voici les grandes lignes.

### L'affiliation chez PriceMinister

Les grands principes sont énoncés sur la page d'accueil de l'affiliation.

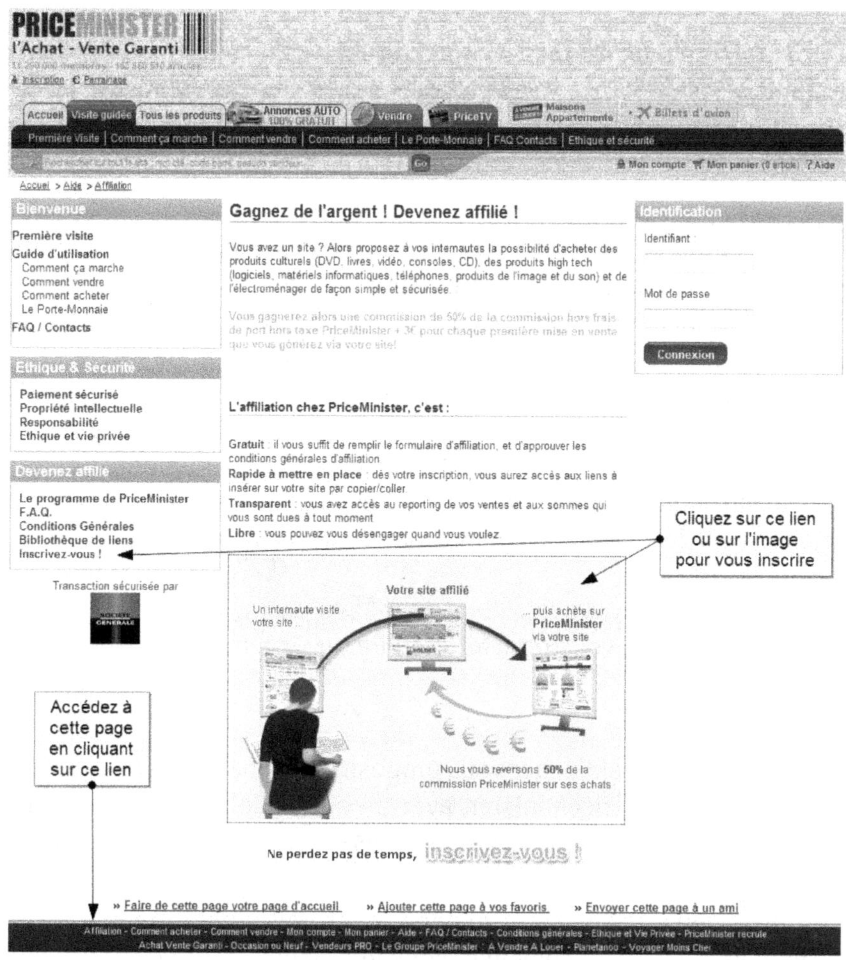


La page d'accueil de l'affiliation

## La base

Dans le cas de PriceMinister, il vous suffit de placer sur votre site des liens vers PriceMinister. Chaque fois que vous envoyez un visiteur à PriceMinister et que celui-ci fait un achat ou une première vente sur PriceMinister, vous êtes rémunéré.

## Vos obligations en tant qu'affilié

Vous êtes responsable de la mise en place des liens sur votre site. Vous recevrez toutes les informations nécessaires pour aller choisir et installer vos liens lorsque votre inscription aura été validée.

### Obligations de PriceMinister à votre égard

PriceMinister vous fournit les outils et l'assistance nécessaires pour optimiser les actions de vos visiteurs sur le site PriceMinister. PriceMinister vous reverse ensuite les commissions générées par ces actions.

### Une gestion transparente

PriceMinister souhaite mettre en place une relation « gagnant-gagnant » transparente. Ce programme est donc géré par des organismes indépendants, agences-conseils spécialisées dans la gestion des programmes d'affiliation, tiers de confiance qui garantissent la véracité des résultats. Il s'agit d'Effiliation, partenaire privilégié mis en avant sur le site, mais il est aussi possible de passer par Zanox ou Affilinet. Les trois plateformes proposent des gains identiques, donc le choix de l'une au profit de l'autre reposera plutôt sur la qualité de la relation avec le chargé de clientèle de la plateforme.

## Les gains

Voici les gains que vous pouvez attendre du système d'affiliation chez PriceMinister.

### L'argent

Le programme PriceMinister vous propose de gagner 50 % du montant des commissions PriceMinister, avec un bonus de 20 € au vingtième achat, et 2 € pour chaque première mise en vente générée *via* votre site.

Ces gains peuvent être conséquents car, si vous générez un trafic suffisamment qualifié, la conversion des internautes peut être assez élevée. De plus l'adhésion au programme est entièrement gratuite, sans droit d'entrée ni de frais d'inscription.

### Le contenu et le trafic

Hormis le gain d'argent attrayant et (presque) sans effort, augmentant les revenus liés à l'activité de votre site, devenir affilié PriceMinister vous permet de bénéficier de l'enrichissement du contenu de votre site en proposant un service complémentaire à vos visiteurs. En effet, l'offre du site PriceMinister étant large, vous pourrez certainement proposer des produits adaptés au thème de votre site.

### Le temps

PriceMinister a tout fait pour que les affiliés ne perdent pas de temps à gérer ce programme. Tout d'abord, une équipe « affiliation » assure un service auprès de son réseau. Elle aide les affiliés à optimiser la rémunération de leurs sites grâce aux nombreux retours d'expériences.

De plus, le programme contient des outils « clefs en main » et des centaines de bannières de toutes tailles, liens textes, moteurs, kitmailing remis à jour régulièrement et qui suivent l'actualité ; ceci afin que les affiliés puissent avoir un maximum de choix.

Ce programme d'affiliation vous fait avant tout gagner de l'argent. De plus, il enrichira votre contenu ce qui permettra de mieux fidéliser vos visiteurs et implicitement d'augmenter votre trafic.

### Conditions d'inscription au programme

Une fois tout cela énoncé, il convient de préciser les conditions d'inscription pour l'affiliation.

#### Inscription gratuite et libre

Comme indiqué plus haut, l'adhésion au programme est entièrement gratuite, sans droit d'entrée ni de frais d'inscription. De plus, vous êtes libre de quitter le programme à tout moment.

#### Qui peut s'inscrire au programme d'affiliation

Tous les sites marchands, éditoriaux, institutionnels, d'associations et de particuliers établis en France peuvent rejoindre le programme d'affiliation PriceMinister. PriceMinister se réserve cependant le droit de refuser toute adhésion qui ne semblerait pas conforme à son éthique.

La plupart des sites peuvent participer au programme et soumettre une demande d'inscription. PriceMinister se réserve cependant le droit de refuser certaines candidatures ou de révoquer la participation d'un site à tout moment si le contenu est jugé incompatible avec les critères de sélection ou si les termes du contrat d'affiliation ne sont plus respectés.

## ➔ La mise en œuvre

Une fois bien compris les principes généraux, voici comment mettre en place l'affiliation de votre site de façon concrète.

### S'inscrire

Voici les modalités pratiques concernant l'inscription.

#### Comment s'inscrire

Vous devez prendre connaissance des conditions générales d'affiliation puis vous inscrire *via* le formulaire en ligne. Votre demande d'affiliation sera alors étudiée, et vous serez informé de sa validation.

Vous accédez au formulaire qui suit en cliquant sur l'image au centre de la page d'accueil de l'affiliation.

**Inscription au programme d'Affiliation !**

Votre statut : Société Particulier Association
Société :
N° TVA Intra :
N° Siret :
Nom * :
Prénom * :
Email * :
MSN :
Téléphone * :
Nom du site :
Url du site * : http://
Description du site
Adresse * :
Code postal * :
Ville * :
Pays : France

**Afin de vous connecter à l'extranet Effiliation, merci de choisir votre :**

Identifiant * :
Mot de passe * :

**Veuillez confirmer votre mot de passe :**

Confirmation * :

Conditions générales d'affiliation entre Effiliation et ses Affiliés

La société Effiliation a créé et exploite un service de gestion de programmes d'affiliation basée sur sa plateforme logicielle disponible sur Internet à l'adresse http://www.effiliation.com.
Effiliation, met des Annonceurs en contact avec des sites éditeurs (Affiliés) disposant d'un contenu et d'une audience complémentaire au site de l'Annonceur ou avec des vendeurs de liens commerciaux ou de mailing.
Effiliation propose aux Affiliés l'accès aux programmes d'affiliation définis par les Annonceurs et mis en ligne sur le site http://www.effiliation.com.

Lorsqu'un site devient Affilié, Effiliation lui fournit les outils promotionnels nécessaires pour participer au programme de l'Annonceur (liens hypertextes bannières ou autres objets jpg, flash,

Vous souhaitez recevoir la lettre mensuelle des affiliés Effiliation (informations sur les nouveaux programmes, trucs et astuces...)
Vous souhaitez être contacté par Effiliation

Valider

© Effiliation - Networking your Business

Formulaire d'inscription au programme d'affiliation

Un e-mail d'acceptation vous sera envoyé vous confirmant ainsi votre inscription au programme d'affiliation PriceMinister et vous communiquant votre identifiant et votre mot de passe. PriceMinister vous indiquera alors la marche à suivre.

### Comment se désinscrire

Vous êtes libre de quitter le programme à tout moment par simple envoi d'e-mail. Le contrat prendra fin dès le jour suivant la réception de ce courrier électronique.

## Les éléments et leur mise en place

PriceMinister met à votre disposition une panoplie d'outils pour relayer son offre auprès de vos visiteurs.

L'intégration et la mise en place des liens qui suivent sur vos pages sont simples et immédiates. Dès validation de votre inscription, PriceMinister vous fournit par e-mail l'accès à votre compte où vous trouverez les codes à insérer dans vos pages par copier/coller.

Placez les liens là où vos visiteurs les verront aisément, par exemple sur votre page d'accueil ; ainsi vos visiteurs seront davantage incités à agir. Le message à faire passer est simple : chez PriceMinister, on fait de bonnes affaires !

### Liens textes

PriceMinister vous donne les syntaxes à employer pour rediriger vos internautes vers les pages de PriceMinister les plus en rapport avec votre site ou avec une page particulière de celui-ci.

Le lien texte que vous aurez choisi renverra directement sur une fiche-produit, une catégorie, un thème de recherche ou une boutique chez PriceMinister. Un petit module se charge de vous créer les liens.

### Bannières

Vous avez le choix entre des bannières génériques, spécifiques par catégorie produit ou événementielles. Choisissez le visuel selon la nature de votre site et de votre public.

Le choix est vaste, plus de 400 bannières sont mises à votre disposition dans de nombreux formats. Grâce à cette section, vous pourrez aussi afficher des visuels au plus près de l'actualité produits : les bannières sont fréquemment mises à jour afin de toujours vous proposer les meilleurs sélections... et vous n'avez presque plus rien à faire.

### Moteurs de recherche

PriceMinister met à disposition ses propres moteurs de recherche dans chacune des catégories produit.

### Catalogues XML par catégorie

PriceMinister dispose de flux XML par catégorie mis à jour toutes les 24 heures.

Pour les affiliés comparateurs, PriceMinister propose à la demande son catalogue produit en flux XML. Seule contrainte, le catalogue doit s'afficher à proximité de leur logo ou dans une bannière XML mis à votre disposition.

### Kits mailing

Pour les affiliés maileurs, PriceMinister remet à jour fréquemment des kits mailing. Le mailing proposé vous permettra de faire bénéficier vos membres de coupons de réductions inédits et d'avantages promotionnels.

Astuce

**Liste noire des mots clés**

Pour les affiliés Keyworder, il est possible de consulter à cette adresse la liste non exhaustive des mots clés interdits :

http://www.priceminister.com/affiliation/visuels/keywords.htm.

## Suivi et paiement

Le suivi et le paiement se font de la manière suivante.

### Le versement des commissions

Vous serez rémunéré tous les mois sous réserve que le montant de vos commissions soit égal ou supérieur à 75 € HT. Dans le cas contraire, ce montant sera reporté et payé le mois suivant si le montant cumulé de votre rémunération est égal ou dépasse les seuils de versement mentionnés.

### Connaître le montant de votre commission

Vous avez accès en ligne et en temps réel à votre reporting et vous pouvez ainsi connaître à tout moment vos statistiques et les rémunérations qui vous sont dues.

PriceMinister met à votre disposition toutes les informations nécessaires sur l'espace affiliés du site, accessible à partir de la page d'accueil avec vos identifiant et mot de passe.

### Comment et par quel moyen vous sont versées les commissions

Dès que les commissions atteignent un montant cumulé supérieur ou égal à 75 € HT, le partenaire tiers (Effiliation, Zanox ou Affilinet) vous envoie un appel à facture et vos commissions vous seront payées par virement bancaire ou par chèque.

# Les widgets

Un widget est un module HTML que vous créez simplement à partir de votre compte PriceMinister, puis que vous insérez ensuite sur votre site internet ou votre blog. Par ce biais, vos visiteurs pourront aisément s'inscrire sur PriceMinister en devenant automatiquement vos filleuls ou découvrir votre boutique, augmentant ainsi vos revenus.

Bon à savoir : « widget » se prononce « ouidjèt ».

## → Les widgets parrainage et produit

Le widget parrainage et le widget produit sont deux nouveaux moyens de parrainer de nombreux utilisateurs en les invitant à s'inscrire sur le site PriceMinister et à découvrir les produits. En cadeau, parrain et filleuls gagnent chacun un coupon de réduction.

Vous pouvez au choix proposer de découvrir PriceMinister dans son ensemble par le widget parrainage, ou mettre en avant un produit en vente sur le site et correspondant aux goûts de vos lecteurs grâce au widget produit.

Chacun de vos filleuls bénéficie ainsi d'un coupon de réduction valable sur leur premier achat. Pour chaque utilisateur parrainé et ayant réalisé un achat sur le site, vous gagnez alors également un coupon de réduction valable pour vos achats sur PriceMinister.

Comme pour le parrainage classique, un e-mail vous sera envoyé chaque fois qu'un filleul aura validé son premier achat. Un compteur est également mis à votre disposition dans l'interface de votre compte afin de vous renseigner en temps réel sur le nombre de filleuls parrainés grâce à vos widgets parrainage et produit.

Il est à noter que le nombre maximum de filleuls recrutés par le biais des widgets est fixé à 100 (en plus des 100 possibles par parrainage « classique »). En outre, ne seront comptabilisés que les parrainages remplissant les conditions générales de parrainage.

Si vous êtes webmaster ou possédez un blog, ne tardez pas et profitez de cette occasion pour faire découvrir PriceMinister à vos visiteurs et obtenir facilement des coupons pour vos futurs achats sur le site !

Pour créer votre widget parrainage, connectez-vous à votre compte PriceMinister. Cliquez sur le lien « Mon widget parrainage » situé dans la boîte « Communauté » et laissez-vous guider.

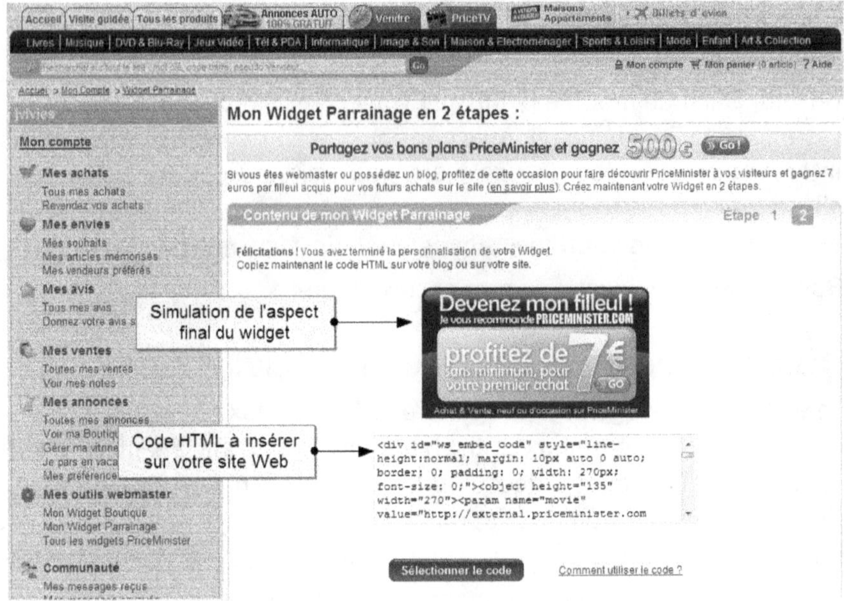


Assistant de création du widget parrainage

Concernant le widget produit, il vous suffit de vous rendre sur la fiche-produit de votre choix. Cliquez sur le lien « partager » situé au-dessus de la liste d'annonces et laissez-vous guider.

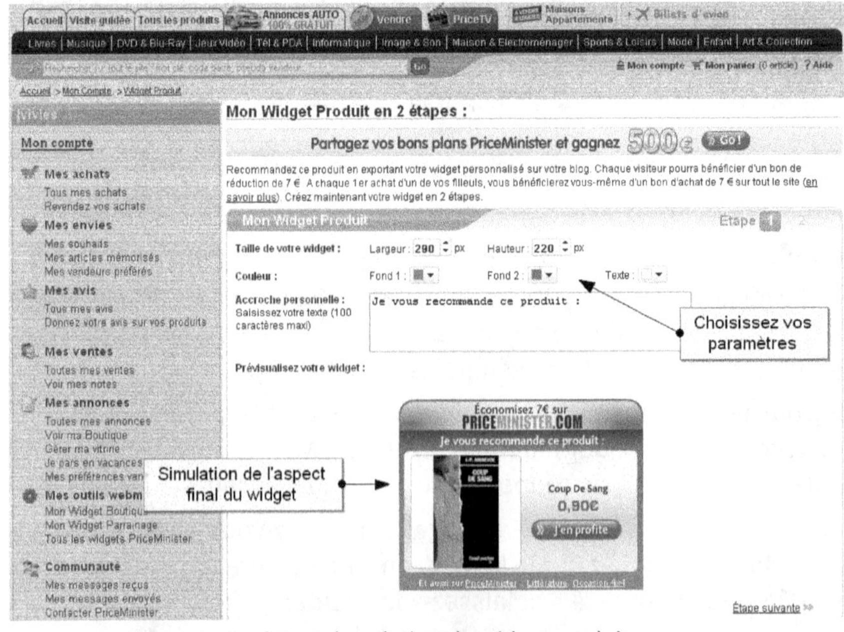


Assistant de création du widget produit

Vous pouvez également partager cette fiche-produit sur votre blog ou sur différents sites de réseaux sociaux en cliquant sur le bouton correspondant.

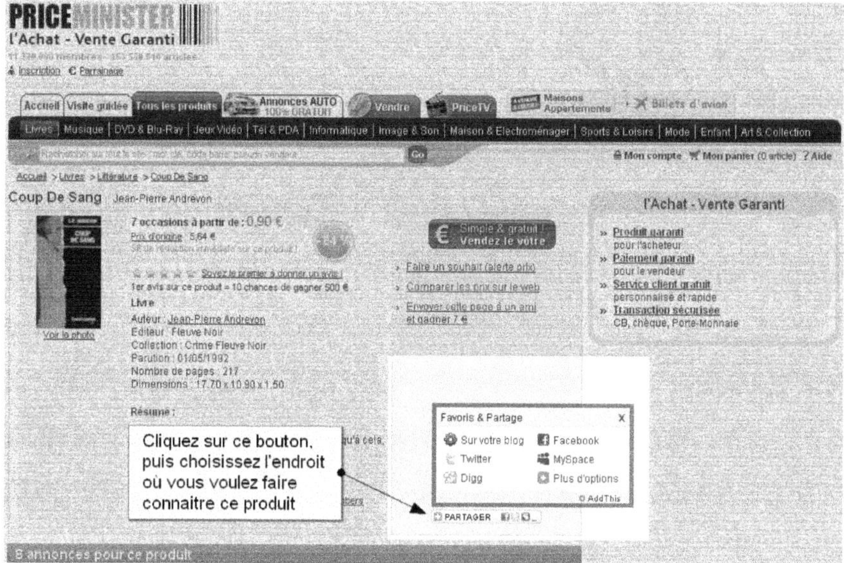


Fiche-produit – Le bouton « partager »

## ➜ Le widget boutique

Le widget boutique permet de présenter le contenu de votre boutique PriceMinister directement sur votre site web. Pour le mettre en place, rendez-vous dans la rubrique « Mon widget boutique » de votre compte.

Créer votre widget ne nécessite que 4 étapes, simples et rapides grâce à l'assistant de création en ligne.

Deux modèles de présentation vous sont proposés lors de la création :

- Par catégories : vous sélectionnez les catégories de produits à mettre en avant. Votre visiteur sera alors redirigé vers l'ensemble de vos produits disponibles dans la catégorie de son choix.
- Par produits : vous choisissez d'afficher l'ensemble des produits que vous avez préalablement placés dans votre vitrine ou les 20 derniers produits ajoutés à votre boutique. Votre visiteur accédera directement à votre annonce pour le produit de son choix.

Vous pourrez personnaliser la taille et la couleur de votre widget boutique, y ajouter un texte accrocheur et vos informations vendeur (pseudo, note, nombre de ventes).

Le système vous permet de visualiser au fil des étapes le rendu de votre widget, et il génère le code HTML correspondant.

Assistant de création du widget boutique

Le widget boutique est immédiatement visible sur votre site et prêt à l'emploi.

Il se mettra ensuite à jour automatiquement et de façon régulière pour prendre en compte les modifications que vous apporterez à votre boutique.

## → Insertion du widget dans votre site ou votre blog

Pour insérer le widget créé sur votre site :

1. sélectionnez tout le code HTML situé dans le champ texte sous l'aperçu (manuellement ou avec le bouton « Sélectionner le code ») ;
2. copiez-le (Ctrl+C sous Windows ou clic droit puis « Copier ») ;
3. collez-le (Ctrl+V sous Windows ou clic droit puis « Coller ») à l'endroit voulu dans le code HTML de la page où vous souhaitez voir apparaître le widget.

N'hésitez pas à vous référer à l'aide de votre gestionnaire de blog pour savoir où insérer ce code HTML. Vous n'avez aucune autre action à effectuer, votre widget est intégré à votre site et prêt à l'emploi !

## Les ventes flash

Le site PriceMinister propose régulièrement des ventes flash sur des produits dont le prix est très compétitif. Il est donc intéressant d'être abonné au système d'e-mails d'information (voir la page 162 à ce sujet) et de rester attentif aux informations données sur la page d'accueil du site.

Exemple d'e-mail pour une vente flash Mode et Beauté

## Le partenariat avec la Croix-Rouge française

PriceMinister et la Croix-Rouge française ont établi un partenariat et créé le site PriceSolidaire : http://croix-rouge.priceminister.com/help?action=first_visit.

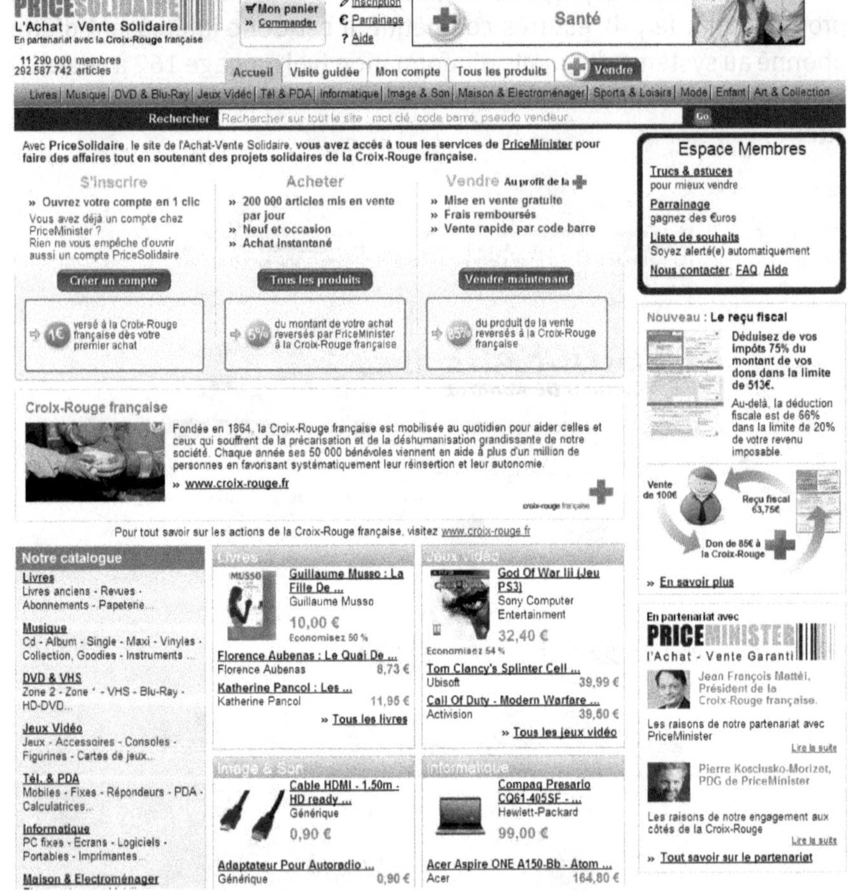

Page d'accueil du site PriceSolidaire

Ce site a déjà financé de nombreux projets de la Croix-Rouge française depuis son lancement en 2001 !

L'originalité de ce site réside dans le fait qu'il permet aux internautes de faire des affaires tout en soutenant des projets de la Croix-Rouge française en faveur des plus démunis. Ce nouveau système de solidarité a tout de suite séduit des milliers d'internautes, jeunes ou moins jeunes.

De plus, le principe du site reste identique à celui de PriceMinister : l'internaute bénéficie des mêmes avantages et fonctionnalités ! Même si vous avez déjà un compte PriceMinister rien ne vous empêche de créer un compte PriceSolidaire, vous soutiendrez ainsi les projets de la Croix-Rouge française de diverses façons.

1. L'inscription : dès le premier achat, PriceMinister versera 1 € à la Croix-Rouge française.
2. La vente :
   - Chacun peut mettre en vente des objets au profit de la Croix-Rouge française à laquelle 85 % du produit de la vente est reversé. Les 15 % restants correspondent à la commission de PriceMinister. Ce solde est utilisé pour financer les taxes et coûts des transactions, la promotion de l'offre auprès des acheteurs (pour que vos articles soient vendus très rapidement) ainsi que l'intégralité du service après-vente et des garanties.
   - Vos frais d'expédition vous seront remboursés.
   - Vous pouvez faire la demande d'un reçu fiscal par e-mail avec votre nom, prénom et adresse ; toute demande incomplète ne sera pas traitée. Vous recevrez votre reçu fiscal à la fin de l'année. Ce dernier vous permet de déduire de vos impôts jusqu'à 75 % (dans la limite de 495 €) du montant ainsi donné ! Au-delà, la déduction fiscale est de 66 % dans la limite de 20 % de votre revenu imposable. Vous pouvez reporter l'excédent sur les cinq années suivantes.
3. L'achat :

Tous les articles disponibles à l'achat n'ont pas été mis en vente sur le site lié à la Croix-Rouge. Certains ont été mis en vente sur d'autres sites édités par la société PriceMinister et ont été reportés automatiquement sur le site de la Croix-Rouge. 5 % du prix de chaque article acheté sur le site de la Croix-Rouge sera cependant automatiquement reversé à l'association.

Témoignage

**Le recyclage, une bonne action**

Martine, 42 ans, achète sur PriceMinister depuis 3 ans, et vend aussi depuis 3 ans.

« Un jour, en descendant avec mon mari au garage pour prendre la voiture je vois, non loin de notre place de parking, un gros sac. Comme il se trouve dans un espace pour déchets encombrants, j'y jette un œil pour voir ce qu'il contient pendant que mon mari sort la voiture. Et là, je tombe sur plein de vieux objets : lecteur CD, casque audio, téléphone fixe, etc. Je me suis dit que d'autres personnes pourraient en avoir besoin, j'ai donc pris le sac et ai tout mis en vente sur PriceSolidaire. Résultat : j'ai vendu pour 50 € d'objets, et j'ai fait une bonne action. »

# Conclusion

Vous êtes maintenant un utilisateur chevronné de PriceMinister ! Peut-être avez-vous déjà réalisé votre première vente, effectué votre premier achat ou parrainé vos amis ? Vous êtes-vous alors rendu compte que vous pratiquiez une nouvelle façon de consommer ?

Nous sommes en effet entrés, depuis les années 1960, dans une société de consommation qui a complètement changé notre rapport à l'objet : on ne s'y attache plus comme avant, et beaucoup n'hésiteraient pas à revendre, du jour au lendemain, tout leur mobilier afin d'en changer pour un qui soit davantage à la mode. PriceMinister, en facilitant les échanges entre particuliers, est un acteur majeur de cette évolution.

Né avec son siècle, PriceMinister s'est progressivement imposé comme le premier site de e-commerce français car il a su comprendre les attentes nouvelles de toute une génération. Les voies nouvelles ouvertes par les technologies mobiles vont, à n'en pas douter, changer encore davantage nos habitudes de consommation mais l'échange de biens entre personnes n'est certainement pas prêt de disparaître...

# Index


## → A

affiliation 174
annonce 46
annulation 95
avis 163

## → B

boutique 130

## → C

collection 51
commission 105
compte 44, 54
conditions générales 53
contrat « Bris & Vol » 160
coupon 86, 93

## → D

délai de livraison 89

## → E

EAN 46
extension de garantie 161

## → F

fiche-produit 40
frais de port 72, 105

## → G

garanties 101

## → I

ISBN 46

## → M

mise en vente 113
modes d'expédition 84, 113
mot de passe 56

## → N

navigation 39, 62
négociation 80
newsletter 162

## → P

panier 84
parrainage 169
pays autorisés 52
photographie 120
porte-monnaie virtuel 136, 149
prix 126
produit 46
pseudonyme 56

## → R

recherche globale 38, 48
rétractation 96
retrait sur place 84, 134

## → S

souhait 77

## → V

vacances 120
vendeur professionnel 141
ventes flash 185
vidéo 124

## → W

widget
- boutique 183
- parrainage 181
- produit 181

Maquette et mise en page :

Dépôt légal : septembre 2010
N° imprimeur : 4115

www.ingramcontent.com/pod-product-compliance
Lightning Source LLC
Chambersburg PA
CBHW062217080426
42734CB00010B/1921

* 9 7 8 2 2 1 2 5 4 7 4 3 6 *